"快速入门+实战升级"版财务红宝书

一本书读懂
财务报表

财务报表分析从入门到精通

文杨◎著

中国华侨出版社

图书在版编目（CIP）数据

一本书读懂财务报表：财务报表分析从入门到精通／文杨著．— 北京：中国华侨出版社，2014.7

ISBN 978-7-5113-4662-9

I．①一… II．①文… III．①会计报表－会计分析 IV．①F231.5

中国版本图书馆CIP数据核字（2014）第110791号

• 一本书读懂财务报表：财务报表分析从入门到精通

著　　者／文　杨

责任编辑／高福庆

责任校对／孙　丽

经　　销／新华书店

开　　本／787毫米×1092毫米　　　1/16　　　印张／14　　　字数／220千

印　　刷／唐山市铭诚印刷有限公司

版　　次／2014年9月第1版　　　2021年3月第14次印刷

书　　号／ISBN 978-7-5113-4662-9

定　　价／42.00元

中国华侨出版社　　北京市朝阳区静安里26号通成达大厦3层　　　邮　编：100028

法律顾问：陈鹰律师事务所

编辑部：（010）64443056　　　传真：（010）64439708

发行部：（010）64443051

网　　址：www.oveaschin.com

E-mail：oveaschin@sina.com

前言

PREFACE

为什么有的公司从资产负债表上来看，总资产每年都在增加，可是每年的利润率在一直下降，也就是说，企业的赚钱能力越来越差？

为什么又有的公司从利润表上来看，每年的盈利一直在增加，结果却陷入了财务危机，包括大量货款收不回来，使得企业呆账、坏账增多，或者是企业的主营业务并未有显著增长，而营业外利润却增长强劲。这些财务报表反映出的问题，究竟告诉了我们怎样的秘密？

为什么你整合了几大财务报表上的数据，下了很大功夫进行研究，结果却发现，自己的结论与实际情形大相径庭？问题究竟出在哪里，又该怎样更好地规避这些问题呢？

……

我想，关心以上问题的，不仅仅是企业的财务人员，还包括企业的经营管理者、股东、投资者、税务工作人员等。可以说，每一个期望解开一家企业，乃至了解一个行业经济情形、运营情形的人，都不会不关注财务报表。实际上，很多优质的企业，在其财务报表中便已显现端倪；而对于一些未来风险较大的企业，在其财务报表中已有暗示。

正确地通过一家企业财务报表中的数据，对这家企业做出客观而有价值的判断，会给处于不同角色的人带来极大的便利。举例来说，企业管理者平时要处理的问题很多，对于企业运营的细节，或许难以一一去调查、感知，那么，企业经营管理者又怎样能够准确地判断出企业的现状，以及未来应该采取什么样的管理措施？无疑，财务报表起着重要作用。

比如说，财务报表所反映出的企业资产有没有增加，每年有没有赚钱（即盈利），每年的现金流是否健康，股东的资本是增值还是贬值，等等。通过观看这些数据，并做出精准的分析，可以帮助企业管理者认识到自己的管理是高效的，还是低效的，以及企业未来应该采取什么样的策略。

对于财务人员来说，会经常接触企业的大量会计数据，很多时候，还需要对这些数据进行适当分析，并列出一些关键的财务比率，比如说资产负债率、流动比率、净利率等。那么，这些关键的财务指标应该怎样算出来，它们所依据的公式又是什么？这一系列问题均会在本书中进行翔实的解答。

另外，还有很多人在日常生活中进行一些投资活动。这些投资，既有可以上升到对一些企业的资本性投资，比如作为一家企业的重要投资者而长期持有该公司的股权，还有很多的散户投资者，比如我们平时所见的众多股票投资者等。对有志于通过投资来获得更多收益的人来说，怎样确保自己的投资能够增值，抑或者说怎样确保自己购买的股票是潜力股，而不是"垃圾股"？对此，我们可以惊奇地发现，有的人在股市中仿佛洞若观火，他们只要一出手，购买的股票十有八九会赚钱；而有些人却总是眼睁睁地看着自己购买的股票K线绿色多于红色（注：股市K线图中，涨为红色，跌为绿色），最后在股市中伤痕累累。难道有些人在股市中看到了其中的玄机？

正如世界著名投资大师沃伦·巴菲特所说："财务报表是企业与外界交流的语言……如果你愿意花时间去学习——学习如何分析财务报表，你就能够独立地选择投资目标。"其实，我们常说的购买股票也是一种投资，你购买的股票便是你的投资目标。如果你购买的股票增值了，帮你赚了钱，这无疑意味着你选择的投资目标选对了；假如你选择的股票让你赔了钱，这无异于你选择的投资目标选错了。在世界首富的阵营中，巴菲特先生靠精准投资成为世界首富，这与巴菲特先生高超的企业财务报表分析能力是分不开的。

实际上，假如你能够具备一定的财务报表分析能力，无疑会大大增强你投资时在目标选择上的成功率。毕竟，在当今世界，我们不缺投资机会，缺乏的是一种精准的选择能力。这种能力，不仅仅投资活动才需要具备，它也是所有人都必须修炼的一种能力。

那么，还有哪些人需要看懂财务报表，并从财务报表中做出客观而有价值的分析呢？应该说，当今社会，几乎所有人需要与各种财务报表打交道。我们上面列举的企业经营管理者、财务人员、投资者等，是我们经常会联想到的、与财务报表联系比较密切的人，实际上，还有很多人需要看懂财务报表，这个问题，我们会在本书的第一章进行详述。

我们上面提到的"看懂"财务报表，实际上隐含了能够对财务报表进行客观分析的能力。假如我们找到一些企业的财务报表，只能单纯地看到一些财务数字，却不能够领会这些数字背后的含义，那说明我们还没有看懂财务报表；对于一些不能够读懂财务报表的人来说，能否做出一些理性而有价值的决策，的确是一个不小的挑战。而对那些能够"看懂"财务报表的人来说，所做出的决策显然会有较大的科学依据与可实施性。

实际上，对于个人来说，也伴随着众多的"财务报表"。其实，只要有经济活动，便有财务数据产生，当这些数据日益增多时，为了便于财务数据使用者能够清晰地阅读，就需要以一种更有利于人们来使用的方式展现出来，这通常就是"财务报表"。比如说，作为一个日常生活的人，你每天的消费状况，或许可以在纸上写出几个数字，但若一个月、一年呢？如果把这些数据密密麻麻地写在纸上，那么这些数据的可读性就会很差。所以，用一张一目了然的表格呈现出来的需求应运而生，于是"财务报表"就诞生了。当然，我们本书阐述的财务报表，主要是企业财务报表，因为这些报表中的数据更能翔实地揭示出企业在经济运行中的规律。

总体来说，能够看懂财务报表，对财务报表进行高效分析，会对我们的工作、学习和生活有重要的意义。本书以2007年1月1日颁布的新会计准则为依据，所使用的财务报表种类与财务比率的计算方法也是以新会计准则为依据，从而确保读者从本书中获得的财务分析知识与技巧具有极强的实用性。

根据新会计准则的规定，企业财务报表主要包括企业的资产负债表、利润表、现金流量表、所有者权益变动表，以及财务报表附注。本书在对这些概念性知识进行阐述时，深入浅出，而且紧密结合案例以及精美而专业的图表绘制，因此使得本书内容通俗易懂。对于已经掌握了一定财务知识的人来说，本书可以作为必要的财务补充知识，以及进阶之用；对于刚接触财务报表的人来说，本书可以作为入门性读物。由于本书在内容阐述上由浅入深，所以可以有效地帮助读者从报表初级使用者到报表高级使用者的过渡，并增强读者的财务报表分析能力。

最后，由于作者水平有限，书中不详尽之处在所难免，恳请读者批评指正，并真诚希望本书帮助您取得显著的进步！

目录

CONTENTS

下篇　财务分析高级进阶篇

上篇 财务报表基础知识篇

　　财务报表是财务报告中极为重要的组成部分，而财务报告则是反映企业财务状况与经营成果的一系列书面文件。我们通过阅读一个企业的财务报告，尤其是财务报表，可以比较全面地了解这个企业的经营状况，发现其存在的一系列问题，并做出宏观性的判断。

　　在2007年1月1日颁布与执行新会计准则以来，企业财务报表便主要包括4张表、1个附注。其中，这4张表分别为资产负债表、利润表、现金流量表和所有者（股东）权益变动表；对于这些报表中不足以完全显示、需进一步做出阐释的信息，通常会在附注里予以体现。

　　这样的话，通过这4张表、1个附注，我们就可以对企业经营状况有个比较理性的认识。那么，通常会有哪些人需要看财务报表？财务报表中不同的项目又表示了什么样的含义？别忙，我们接下来一个一个揭开"她们"迷人的面纱。

第一章

10种人要懂
财务报表

　　财务报表又称对外会计报表，是相对于企业日常经营中所做的对内报表而言的。由此可知，从某种程度上来说，财务报表是一家企业对外的"门面"，或者说是"形象"。比如说，一家企业能不能盈利，我们只要看一下它的利润表就可以知道；一家企业是否资不抵债，我们只要看一下它的资产负债表就可以获悉，等等。

　　一家企业的经营状况，会引起很多人的注意。举例说，企业经营者怎样才能知道自己的营运绩效？企业财务人员在完成对企业日常账目的统计后，怎样才能对企业的收支有个整体认识？企业的股东，把钱投了进去，怎样才能知道这笔钱能获得投资收益，还是"打了水漂"？……

　　后续的问题还有很多。总之，我们可以发现，假如我们认真分析的话，就会发现，财务报表竟然跟很多人有密切关系！每一次，当我们站在一栋大厦面前，或者翻看着某本财经读物，一个又一个企业的名字映入眼帘。身处经济时代，每个人都不可例外地要消费，所以每个人都可以看作一个经济人。我们都在直接或者间接地与数不清的企业打着交道，从餐饮到服装到交通运输，再到通信运营商、设备商，等等。

　　然而，你是否了解与你生活如此密切的一个个经济单位？根据我们前面的论述，我们可以知道，财务报表可以帮助我们迅速了解一家企业非常重要的特征。在此基础上，我们可以采取更加有利的举措。应该说，我们下面列举的这些主体，并不完全涵盖了需要阅读并能看懂财务报表的所有人。但不可否认的是，下面列举的这些人群，假如能够了解与看懂财务报表，显然对自己的工作、生活与学习大有裨益。

企业管理者需懂得财务报表

通常来说，企业管理者受股东的委托，有让股东投入企业的资本保值、增值的责任和义务。所以，管理者要努力做好企业的日常经营活动，确保股东的投资能够获得出色的回报，并及时偿还各种到期债务，优化企业的资源配置，持续提升企业的盈利能力。

那么，企业管理者怎样才能知道自己没有辜负股东所托，成功地完成了管理任务？这里的衡量指标，最终要通过财务报表上的数字来体现。假如资产负债表上显示，资产明显增加，那么意味着，股东的股本有了增加；同时，再看下利润表，发现企业在缴纳各种应有的税费（包括所得税）后，利润增加或扭亏为盈，则可以看出，在这个管理者的领导下，企业处于盈利状态。

对于企业管理者来说，这些报表可谓能够佐证自己的"管理业绩"。当然，假如管理者管理糟糕，致使企业经营状况恶化，那么，这些报表同样可以"忠实"地表现出来。当然，在制作财务报表时，一定要据实反映，如果财务报表中被掺了水分，那么，这些报表的价值肯定要大打折扣，甚至会误导阅读者。所以，身为企业管理者，一定要以严谨的态度对待财务报表。

此外，管理者在阅读与分析财务报表的时候，有助于进一步发现企业运营中存在的问题。比如说，在企业经营中，资金好比"血液"，在面对那些流入企业的资金时，要对其结构有理性认识，从而引导企业健康发展。举例如下，见表1-1。

表 1-1 李世民公司现金流入结构分析

编制单位：李世民公司　　　　　　2013年12月31日　　　　　　金额单位：万元

指标	本期金额	结构百分比
一、经营活动现金流入小计	3,500.60[①]	87.50%
其中：销售商品、提供劳务收到的现金	3,500.60	
收到的税费返还		
收到其他与经营活动有关的现金		
二、投资活动现金流入小计	300.00	7.50%
其中：收回投资收到的现金		
取得投资收益收到的现金	300.00	
处置固定资产、无形资产和其他长期资产收回的现金净额		
处置子公司及其他营业单位收到的现金净额		
收到其他与投资活动有关的现金		
三、筹资活动现金流入小计	200.00	5.00%
其中：吸收投资收到的现金	200.00	
取得借款收到的现金		
收到其他与筹资活动有关的现金		
四、现金流入小计	4,000.60	100.00%

在表1-1中，我们可以看到，企业经营活动流入现金所占比例为87.50%，远高于投资收益与筹资所得。同时，经营者再结合一下现金流入的绝对值（如经营活动现金流入3,500.60万元、投资收益300万元等），就可以知道所经营企业在现金流入方面的状况。正常情况下，一个企业的生命力最终还是要靠经营活动来支撑；假如一个企业的现金所得集中于投资

---

① 为方便阅读，本书中的数据，均精确到小数点后两位。

活动带来的收益，这通常会反映出企业"不务正业"，主营业务出现了衰退，或者一家企业的现金流入集中于筹资所得，则反映出这家企业很可能在"举债度日"，依赖于银行、股东或其他债权人持续"输血"，才能维持企业。如果出现后两种情形的话，经营者的管理效益显然要受到质疑。

基于此，我们可以看到，企业管理者平时很"忙碌"，那么忙碌的结果，最终要以数字的形式反映在报表中。经营者通过阅读与分析报表，可以发现自己在管理上的优势与劣势，从而更理性地考察自己的管理质量，以及企业的发展现状等，有利于管理质量和企业效益的持续提升。

财务人员应读懂财务报表

对于企业的财务人员而言，需要经常与各种财务表格打交道，可以说，能够读懂财务报表，是财务人员的一项基本功。企业的运营状况，到最后都将以数字的增减呈现在各种报表中。因此，财务部门可谓掌握着企业发展状况的"晴雨表"信息。

当然，大多数财务人员可能常做的工作是对各种数据的自然罗列与运算，对于这些数据背后隐藏的"秘密"，可能分析的深度还不够。所以，在一个企业里，那些既懂得报表制作，又能够洞悉报表含义的财务人员，通常由财务部门的负责人来担任。从这个意义上说，财务人员能够看懂报表所反映的综合信息，并在此基础上对企业现状和发展趋势能够做出一定的理性判断，显然会对自己的发展很有帮助。

举例来说，财务人员看到下面的报表后，并做出相应的表1-2及图。

表 1-2 刘邦公司营业收入增长趋势分析

编制单位：刘邦公司　　　　2014年1月15日　　　　单位：万元

	2010年	2011年	2012年	2013年
营业收入	500.56	600.72	650.39	700.63
营业收入增长率		20.01%	8.27%	7.72%

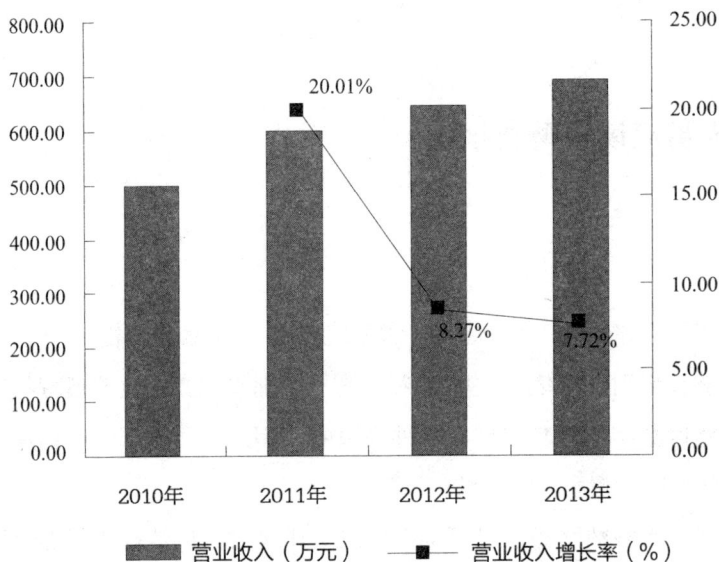

通过表1-2及图可知，刘邦公司从2010年以来，虽然营业收入的绝对值在持续增长，但增速，即增长率在连年下降。假如刘邦公司期望在增速方面有持续出色的表现，就需要对影响自己增速的原因做一番调查。假如财务人员通过报表所呈现出的数字，能够洞悉数字背后隐含的问题，那么报表背后的"故事"显然会对企业很有价值，也有助于提升财务人员自身的职业水准。

股东应熟悉财务报表分析

通常情况下，股东在投资一家企业后，肯定会对自己所投入的资金能否保值增值非常关心。在这种情况下，财务报表可谓股东了解自己投资状况的"利器"。比如说，股东看一下企业的资产负债表与所有者权益变动表，就可以知道自己所投入的资金是增值了，还是缩水了；股东看一下利润表，就可以知道企业是盈利了，还是亏损了。如果盈利了，股东可以从中分红；如果企业亏损了，股东的分红收入可能希望渺茫。

由此可见，公司股东会对财务报表高度关注，因为这事关自己的切身利益。通过对财务报表的阅读与分析，股东大会可以知道企业经营团队的经营效益，假如发现自己的股本不断增值，说明企业盈利与发展能力较强；假如发现财务报表中，负债持续增加，股本不断削减，现金流入减少，现金支出增加，那么，股东大会就可以及时地向企业管理层问责，从而想办法保障股本的利润。

在现代企业的运营模式中，一般是企业股东组成股东大会或董事会，然后选择优秀的CEO来组织企业的经营，而股东通常不会直接干预企业日常运作。那么，如何知道CEO有没有辜负自己的重托呢？用数据说话是比较靠谱的。比如说，在某位CEO的运营下，企业财务报表上数据表现很糟糕，显然可能在企业战略或管理方法上出了问题。这样的话，财务报表作为股东了解企业运营状况，乃至发展能力的重要信息源，无疑对股东有极其重要的作用。

我们不妨以表1-3及图为例。

表 1-3 杨坚公司盈利能力趋势分析

编制单位：杨坚公司　　　　　　2014年2月14日　　　　　　　单位：万元

指标	2010年	2011年	2012年	2013年
营业收入	320.58	425.35	620.23	850.39
营业毛利	125.36	180.20	251.28	430.15
净利润	56.28	82.38	140.27	250.49
营业净利率	17.56%	19.37%	22.62%	29.46%

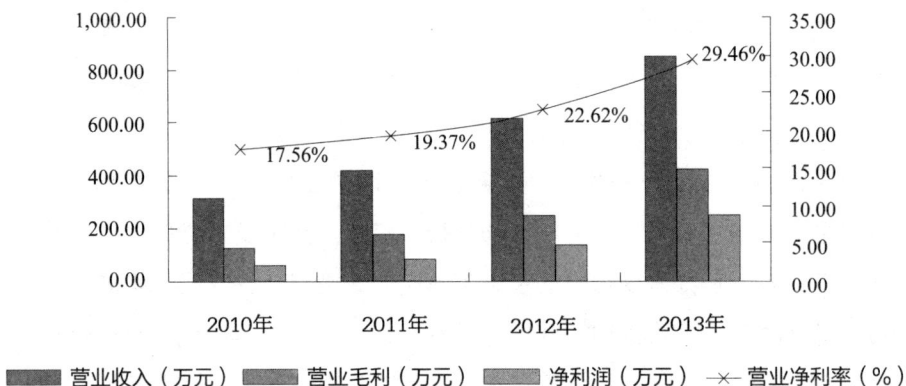

营业收入（万元）　　营业毛利（万元）　　净利润（万元）　　×营业净利率（%）

　　通过表1-3及图可以看出，杨坚公司营业收入、营业毛利、净利润及营业净利率都在呈上升势头。显然，看到这样的报表，股东肯定会很高兴，因为这意味着自己的股本也在不断增值。当然，在分析财务报表的时候，需要将几张报表，乃至附注予以统筹考虑，才能得出比较客观而正确的认识。

　　比如说，我们在企业营收方面，可以看到企业的增长势头，那么，这些营收现金流是否健康？假如构成企业应收的，有很多是呆账，甚至坏账，那么，企业在资金方面无疑会存有很大隐患，营收质量也要大打折扣。对这些问题，我们在后面都会进行详细阐述，确保从财务报表中得出真实而有价值的信息。

投资者不能不懂财务报表

世界著名投资大师巴菲特，曾通过卓有成效的投资活动，成为世界首富。巴菲特对股票市场的精准判断，令很多投资者叹为观止。那么，巴菲特是通过什么样的方法，在股市纵横驰骋呢？对此，巴菲特说："我阅读我所关注的公司年报，同时，我也阅读它的竞争对手的年报。这些是我最主要的阅读材料。……我们所有投资的收益都是基于对企业财务数字深度分析的，企业财务数字反映经营管理能力。"

不仅如此，巴菲特还补充说："会计是商业的语言。你必须了解会计学，并且要懂得其中的微妙之处。因为它是企业与外界交流的语言；如果你愿意花时间去学习，尤其是学习如何分析财务报表，你就能够独立选择投资目标。"

诚然，在当今的投资者中，股民可谓数量众多。可是，有多少投资者在购买某家上市公司的股票时，认真阅读过这些公司的财务报表？实际上，股票日后的涨落信号，有很多已经包含在财务报表中。巴菲特每次投资时，都能仔细阅读、认真分析，所以对购买的每支股票都能做出理性的判断，这为巴菲特的投资成功提供了保障。

另外，我们这里所说的投资者，主要包括两层含义，一是现有的投资者，二是潜在的、未来的投资者。作为投资者，最关心的是其权益的风险，包括投资能否增值，投资报酬或投资回报能有多大，能否满足其期望的投资收益要求。这一系列因素将影响投资者是否向企业投资，以及是否追加投资，是否需要收回或转让投资等。

基于此，投资者通过阅读财务报表，需要了解所投资企业的盈利能力怎样，投资回报率是否能够达到预期值，了解企业经营的风险水平，从而做出理智的投资决策。我们接下来通过表1-4及图，来分析待投资企业的盈利能力。

表 1-4 三家公司营业净利率比较

净利率	2010年	2011年	2012年	2013年	平均值
曹操公司	24.36%	16.22%	14.59%	17.15%	18.08%
刘备公司	15.31%	13.71%	13.88%	12.25%	13.79%
孙权公司	10.90%	14.36%	13.41%	12.17%	12.71%

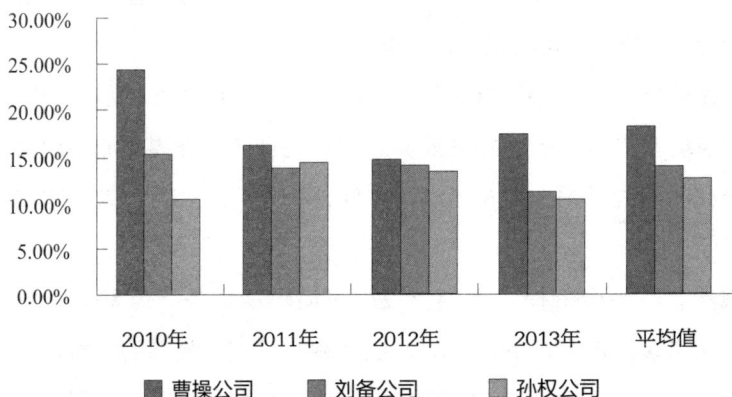

通过观察表1-4及图可知，曹操公司的营业净利率在统计年度内，均是最高，因而营业净利率的平均值也最高；其次则是刘备公司和孙权公司。对于投资者而言，投资曹操公司显然会有比较好的盈利前景。当然，我们这里所说的营业净利率，尚未一一列出其构成部分；当投资者在真实的投资世界中，面临不同的待投资客体，包括不同的股票时，如果能够像上述这样，既看到上市企业的财务报表，再根据专业的分析，对其盈利走向有个清醒的认识，那么，在进行投资时，一定可以避免很多不必要的失误。

事实上，投资是一个"技术活儿"，关键是要读懂各种报表，只有这样，才会在众多的待投资项目面前，包括让人眼花缭乱的股市面前，从中找出绩优股，从而让自己的投资获得预期收益。

供应商需要看财务报表

在商业活动中，总是伴随着赊购赊销的行为。对于供应商而言，赊销出去的货物，肯定希望尽快地回笼资金，以减少坏账。同时，供应商在与客户进行交易时，了解对方的现金支付能力，显然也是很重要的，因为这在一定程度上可以减轻供应商承担的风险。

在这种情况下，客户企业的财务报表，便与供应商有着密切关系。尤其是供应商从财务报表中，了解客户企业的偿债能力，可谓与自己有切身的利益关系。一般来说，供应商更愿意给那些偿债能力强、资信程度高的企业供应货物或劳务。因此，供应商读懂财务报表，从中分析出所合作企业的财务状况，会对资金回收起到积极的作用。

债权人要关注财务报表

企业在经营过程中，会经常面临资金方面的需求。在这个时候，企业往往会选择筹资活动，包括向银行、非银行金融机构（如财务公司、保险公司等）贷款，在发行企业债券时，那些购买企业债券的单位或个人也将成为企业的债权人。

按照债务偿还期限的长短，债权人一般可以分为短期债权人和长期债权人。所谓短期债权人，他们提供的债权期限一般在一年以内或者长于一年的一个经营周期内。因此，他们最关心的是企业偿还短期债务的能力。

所谓长期债权人，他们提供的债权期限在一年以上或长于一年的一个经营周期以上。因此，长期债权人最为关心的，则是企业连续支付利息和到期（若干年后）偿还债务本金的能力。

不同的利益主体，对企业的关注点会有所不同。比如说，投资者会十分关心企业的盈利能力，债权人则十分关注且时刻警惕企业的偿债能力。所以，债权人会总是关注企业有多少资产可以作为偿还债务的保证，尤其是企业有多少可以立即变现的资产。

我们接下来以表1-5及图为例，展示债权人对企业偿债能力的分析与了解。

表 1-5 石虎公司短期负债能力趋势分析

编制单位：石虎公司　　　　　　　　　　　　　　　　　2014年1月17日

指标	2010年	2011年	2012年	2013年	平均值
流动比率	1.41	1.46	1.46	1.42	1.44
速动比率	0.27	0.29	0.31	0.26	0.28
现金比率	0.17	0.19	0.22	0.14	0.18

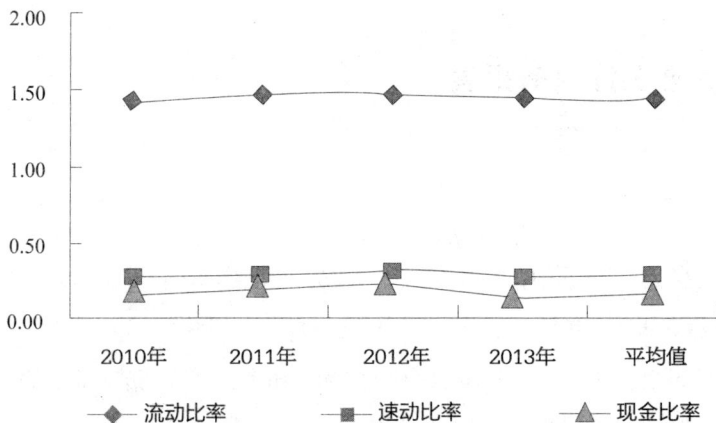

通过表1-5及图可以看出，石虎公司在统计的4个年度内，短期负债能力指标变化不大，其中，流动比率（即流动资产对流动负债的比率）的平均值为1.44，速动比率（即速动资产对流动负债的比率）平均值为0.28，现金比率（即速动资产中扣除应收账款后的余额与流动负债的比率）平均值为0.18。

单从图表上来看，石虎公司的短期偿债能力相对较弱。一是因为流动比率比较低些（通常流动比率应在2：1左右，即流动资产应是流动负债的2倍），二是因为速动比率和现金比率也都比较低，假如企业的短期债款到期，很有可能使得债务企业出现资金链紧张，甚至破裂的危险。在这种情况下，债权人的利益在保障系数上显然会比较低。

当然，我们在对报表进行分析的时候，需要综合考虑，不仅要看到报表上的数字，更要看到报表蕴含的丰富含义，包括企业所处的行业状况。比如说，负债企业是一家房地产开发行业，那么基于地产企业通常是高负债运营的特点，即它们的资金主要靠银行贷款来解决，所以其偿债能力指标可能在刚开始看起来比较危险的情况下，一旦银行贷款入账，这些企业便可以很快具备较强的偿债能力。所以，供应商在分析企业的偿债能力时，需要结合债务企业的行业特点进行判断。同时，上述的"流动比率""速动比率""现金比率"等词语，我们会在后面进行详细而通俗易懂的解释。

此外，企业的盈利能力有时也会影响债权人的态度。这是因为，企业的经营效益，是企业偿债能力的基础。如果企业一时财务状况不佳，债务偿还能力不强，但经营效益比较好，也可以使债权人改变态度，甚至对企业进行债务融资。那么，债权人怎样才能清晰地了解企业的营运状况以及偿债能力呢？财务报表是一个最直接，也是非常重要的途径。

竞争对手要分析财务报表

在市场经济中，企业面临着广泛的竞争。因此，研究竞争对手，超越竞争对手，也成为企业发展中不得不面对的问题。应该说，财务报表包含了丰富的信息，有助于企业了解竞争对手的经营状况。通过对财务报表的研究，企业可以知道竞争对手的相对效率，从而明确自己与竞争对手相比，是处于优势地位，还是处于劣势地位。

此外，企业之间的兼并也在时常上演。通过关注竞争对手的财务报表，可以帮助企业了解竞争对手的财务处境，在必要情况下，可以实施对竞争对手的并购，从而扩大企业的经营规模。

客户需了解财务报表

我们这里说的客户，一般是企业产品的购买者。在一个企业的发展过程中，很多时候需要依赖一些合作伙伴在产品方面的支持。比如说，一个汽车厂家，可能要选择发动机研制商来合作；一个手机厂家，可能会选择一些零件制造商来合作。这些不同企业间的合作，将会彼此影响，对于客户来说，将关系到自己的货源是否稳定。

假如客户不关心合作企业的财务状况，结果，合作企业在财务状况上出了问题，致使所供应货源产量下滑。这样的话，客户的生产势必也会受到影响。因此，客户关注合作企业的财务报表，有助于及时了解合作企业的经营状况，从而有利于自己及时应对出现的变故，包括增加供应商等，以免影响自己的正常生产。

员工要懂财务报表

在一个企业中，员工的待遇、发展前景和企业的经营状况息息相关。假如企业盈利状况良好，偿债能力也很强，那么，员工的薪酬待遇、工作环境必然向好的方面发展，同时，随着公司的发展，员工所面临的发展机遇也会增加。所以，一个对自己职业生涯负责的员工，通常会高度关注企业的财务报表。我们接下来以表1-6及图为例。

表1-6 郑和公司主要财务指标趋势分析

编制单位：郑和公司　　　　　　2014年2月14日　　　　　　单位：万元

指标	2010年	2011年	2012年	2013年
净资产	500.56	600.27	700.43	800.36
营业收入	300.06	400.28	500.39	600.59
净利润	45.79	86.34	146.51	211.35
营业净利率	15.26%	21.57%	29.28%	35.19%

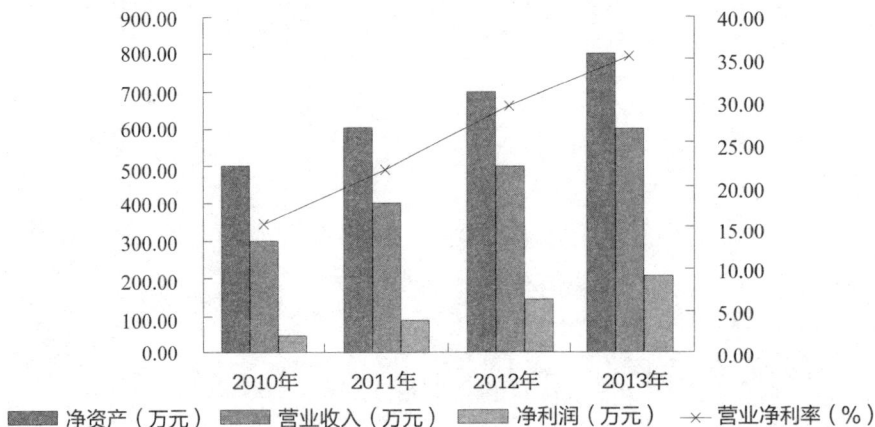

　　通过上面的图表可见，郑和公司的各项发展指标都呈现连年增长的态势，当员工看到公司的报表后，必然也会对自己的前途增加信心。随着公司业务的持续提升，以及资产规模在数量和质量上都有出色的成长，那么，员工的发展平台与机遇也会随之不断改善。

　　另外，在企业管理中，我们还发现一个有趣的现象，那就是，凡是关注企业财务报表的员工，更懂得如何调整自己，以与公司的发展尽可能保持同步，从而有了卓越的表现。所以，对于员工来说，关注企业的财务报表，也是对企业关注的一个重要标志。

税务人员应掌握财务报表

　　纳税是企业天生的义务。如今，企业所承担的税目主要有流转税和所得税两大类，它们下面又包含了很多税目，不同税种与税目所对应的税率也会不同。那么，税务部门是如何计算出一家企业应该缴纳多少税呢？在这里面，财务报表是一个重要的计税依据。

　　比如，企业需要缴纳增值税，这时，税务人员查看财务报表后，通过获悉企业的营业收入，从而确定增值税的税基；在计算所得税时，税务人员通过查看企业是盈利还是亏损，如果企业盈利了，就要缴纳所得税，如果企业处于亏损状态，则不必缴纳所得税。

　　同时，税务人员还可以综合比较多个财务报表，从而对企业经营状况有个真实的认识，包括查出一些企业试图偷税、漏税的伎俩等。可见，能够读懂财务报表，可以说是税务人员的一项基本要求。

第二章

揭开资产负债表的面纱

资产负债表又称为财务状况表，是指企业在某一特定日期（如各会计期末）的财务状况的主要会计报表。这些财务状况主要包括资产、负债和所有者（也称为股东）权益。在进行报表制作时，它根据会计平衡的原则，分为"资产"和"负债及股东权益"两大区块，以特定日期的企业静态情况为基准。

与财务报表中的其他报表相比，资产负债表是唯一描述某一特定时间点状态的报表。其他财务报表，如利润表、现金流量表、所有者权益变动表均是描述企业在某一个时期内的财务成果。可见，资产负债表是描述一个企业在一个特定日期，是资产大于负债，还是负债大于资产。因此，资产负债表有助于我们迅速了解一家企业的资产状况。我们接下来以一张资产负债表的模板为例（见表2-1）。

表2-1 资产负债表模板

编制单位：　　　　　　　年　　月　　日　　　　　单位：（如"万元"）

资产	年初数	年末数	负债及所有者权益	年初数	年末数
流动资产：	※	※	流动负债：	※	※
货币资金			短期借款		
交易性金融资产			交易性金融负债		
应收票据			应付票据		
应收账款			应付账款		
预付款项			预收款项		
其他应收款			应付股利		

续表

资产	年初数	年末数	负债及所有者权益	年初数	年末数
存货			应付职工薪酬		
一年内到期的非流动资产			应交税费		
其他流动资产			其他应付款		
流动资产合计			一年内到期的非流动负债		
非流动资产:	※	※	其他流动负债		
债权投资			流动负债合计		
其他债权投资			**非流动负债:**	※	※
长期应收款			长期借款		
长期股权投资			应付债券		
其他权益工具投资			长期应付款		
投资性房地产			递延所得税负债		
固定资产			其他非流动负债		
在建工程			非流动负债合计		
无形资产			负债总计		
开发支出			**所有者权益:**	※	※
商誉			实收资本		
长期待摊费用			其他权益工具		
递延所得税资产			资本公积		
其他非流动资产			其他综合收益		
非流动资产合计			盈余公积		
资产总计			未分配利润		
			所有者权益合计		
			负债及所有者权益总计		

备注: 1. 本表为资产负债表模板,具体运用中,根据实际情况,在词语描述上可能会有所变动,但内在含义不变。

2. 表中符号"※"处,不必填写数字。

3. "所有者权益"有时会改称为"股东权益",在本书中属于一个意思、两种称谓。

在表2-1中，主要分为"流动资产""非流动资产""流动负债""非流动负债""所有者权益"五大类，当然，它们又分别属于"资产"和"负债及股东权益"两大区块。在不同类下，包括相应的次级指标，它们之间有着不同的计算公式。

刚看起来，会让人觉得资产负债表上的内容好多。实际上，任何复杂的东西，都是由简单事物组成的，这一点正如苹果公司前CEO史蒂夫·乔布斯所说："至繁归于至简。"所以，我们接下来便要了解资产负债表中的每一项究竟是怎么回事。

什么是流动资产

资产负债表中的资产，主要反映企业在某一特定日期所拥有或控制的、预期会给企业带来经济利益的资源。资产负债表中隐含的一个等式为：

资产＝负债＋所有者权益

也就是说，在上面的资产负债表模板中，左下角的"资产"要与右下角的"负债及所有者权益"相等。在此，我们不妨再看表2-2，以强化认识。

表 2-2 刘秀公司2013年度资产负债

编制单位：刘秀公司　　　　　　2014年1月9日　　　　　　单位：万元

资产	2013年初	2013年末	负债及股东权益	2013年初	2013年末
流动资产：			流动负债：		
货币资金	220.00	31.30	短期借款	80.00	
应收账款		140.00	应付账款		
其他应收款			预收款项		
预付款项			应付职工薪酬		
			应交税费		
存货		22.00			
			其他应付款		
流动资产合计	220.00	193.30	流动负债合计	80.00	

续表

资产	2013年初	2013年末	负债及股东权益	2013年初	2013年末
非流动资产：			**非流动负债：**		
长期股权投资			长期借款	40.00	40.00
			非流动负债合计	40.00	40.00
			负债合计	120.00	40.00
			股东权益：		
固定资产	200.00	190.00	实收资本	300.00	300.00
			资本公积		
无形资产			盈余公积		
			未分配利润		43.30
非流动资产合计	200.00	190.00	股东权益合计	300.00	343.30
资产合计	420.00	383.30	负债及股东权益合计	420.00	383.30

通过表2-2可以看出，"资产"与"负债及股东权益"相等，遵循会计平衡的原则。企业的资产，根据其变现速度的快慢，主要可以分为两类，一是流动资产，二是非流动资产。所谓流动资产，是指企业在一年或者超过一年的一个营业周期内可以变现或者运用的资产，这是企业资产中必不可少的组成部分，它通常包括货币资金、交易性金融资产、应收票据、应收账款和存货等。

所谓非流动资产，泛指企业资产中流动资产以外的资产，它在一年或者超过一年的一个营业周期内不能变现或者运用。关于非流动资产，我们会在后文进行详细介绍，这里重点了解流动资产。

流动资产在其周转过程中，通常先从货币形态开始，然后依次改变形态，最后又回到货币形态。我们可以通过下面的示意流程来了解：

货币资金 → 储备资金与固定资金 → 生产资金 → 成品资金 → 货币资金

在企业经营过程中，会有很多环节依赖于资金。所以，在流动资产的周转过程中，每种形态的资金都会与生产流通紧密结合。企业流动资产的周转速度越快，变现能力就会越强，那么企业的资金生态链显然就会健壮。

从流动资产的具体内容来看，由不同的角度出发，可以有不同的分类，详述如下。

1. 按照流动性大小，流动资产可分为速动资产和非速动资产。

非速动资产，显然是相对于速动资产而言的，主要包括存货、预付款项、一年内到期的非流动资产以及其他流动资产。

2. 按照表现形态，流动资产可分为货币性流动资产和实物形态的流动资产。

其中，货币性流动资产以货币形态存在；实物形态的流动资产显然以实物形态存在，包括各种储备物资、生产物资、成品等。

3. 按照不同的行业属性来划分，流动资产的内容划分如下。

（1）对于工业企业而言，流动资产包括6个方面。

① 储备资产。它包括从购买到投入生产准备阶段的流动资产，比如原材料、辅助材料、燃料、修理备件、低值易耗品、包装物、外购半成品等。

② 生产资产。它包括从投入到产成品这个生产过程中的流动资产，比如自制半成品、待摊费用等。

③ 成品资产。它包括从产品入库到产品销售这个待销过程中的流动资产，比如产成品和准备销售的半成品和零部件等。

④ 结算资产。它包括各种发出商品、应收账款、应收票据等。

⑤ 货币资产。它包括银行存款、库存现金等。

（2）对于商业企业而言，流动资产包括4个方面。

① 商品资产。包括库存商品和待售商品等。

② 非商品资产。包括包装物、物料用品、低值易耗品、待摊费用等。

③ 结算资产。包括各种应收款、预付款、应收票据等。

④ 货币资产。包括银行存款、库存现金等。

一般情况下，企业的流动资产如果大于流动负债（即短期负债），表明企业偿还短期债务的能力比较强。这里涉及一个"流动比率"，它的计算公式为：

$$流动比率 = \frac{流动资产}{流动负债}$$

在企业经营中，流动比率越高，表示企业资产的流动性越强，因此企业有足够变现的资金用于偿债。那么，是不是流动比率越高越好呢？未必。

这是因为，流动比率过大，意味着企业可能资金闲置较多，会影响企业资金的周转效率和获利能力。当然，流动比率也不能过小，否则短期债务到期，企业无法及时还债，将会使企业陷入危险的境地。那么，流动比率选择多少比较好呢？一般认为，合理的流动比率应该不低于2:1。这是因为，假如流动资产中变现能力最差的存货金额占流动资产总额的一半，那么流动资产中剩下的一半、流动性好的资产至少要等于流动负债，这样的话，企业的偿债能力才有保证。

当然，我们在运用这个比率时，需要根据实际情况，尤其是要掌握不同行业的经营特点。比如，前文曾经提到石虎公司流动比率的案例（见P16），其中，石虎公司的流动比率明显低于2:1，但倘若是地产开发行业，普遍是房地产企业从银行贷款、高负债运行，所以其偿债能力反倒并不非常危险。可见，在分析流动资产与流动比率时，一定要紧密结合企业所处行业以及企业自身实际情况来综合分析。

还有一个概念是流动资产周转率，它是指一定时期内流动资产平均占用额完成营业收入时的周转次数，也就是营业收入与全部流动资产的平均余额的比值，主要反映流动资产周转速度和流动资产的利用效果。它的计算公式为：

$$流动资产周转率 = \frac{营业收入}{流动资产平均余额}$$

在这里，所谓"营业收入"，顾名思义，是指企业日常经营的业务，比如说，汽车销售企业的日常业务是汽车销售、建筑公司的日常业务是建筑业务等。而"流动资产平均余额"，是指企业在一定时期内流动资产价值的平均占用量。它的计算公式为：

流动资产平均余额 =（流动资产年初数 + 流动资产年末数）/2

总体来看，流动资产的周转速度越快，就会相对节约流动资产，意味着相对扩大资产投入，可以增强企业的盈利能力。假如企业的流动资产周转速度延缓，就会形成资金浪费，这对企业的盈利能力显然不利。

非流动资产就是固定资产吗

非流动资产，是相对于流动资产而言的，主要包括债权投资、长期应收款、长期股权投资、工程物资、投资性房地产、固定资产、在建工程、无形资产、长期待摊费用、其他债权投资等。

相对于流动资产而言，非流动资产具有占用资金多、周转速度慢、变现能力差等特点。尽管这样，在企业经营活动中，非流动资产显然也是不可缺少的。在非流动资产中，我们接下来了解其相关概念。

债权投资，是指企业以摊余成本计量的长期债权投资。比如，A企业购买B企业发行的债券，期限4年，票面年利率为9%，每年1月5日支付上年度利息，对于A企业来说，购买的这些债券便属于"债权投资"。

长期应收款，是指企业融资租赁而产生的应收款项，以及采用递延方式分期收款、实质上具有融资性质的销售商品和提供劳务等经营活动产生的应收款项。比如，张三公司以分期收款形式销售一批货物给赵四公司，预计分5年收回，货物总金额100万元，张三公司在这5年内，每年底向赵四公司收取20万元；对于张三公司而言，这笔款项便属于长期应收款。

长期股权投资，是指企业通过投资取得被投资企业的股份。企业采取这种投资行为，可以成为被投资企业的股东，通过所持有的股份，对被投资企业实施控制或施加重大影响。投资企业一旦成为被投资企业的股东，一般情况下不能随意抽回投资，因此利益与风险并存。比如，孙七公司通过投资获得上游原材料生产商钱八公司的25%股份，假如钱八公司的产品作为孙七公司的原材料，对孙七公司的生产状况有着重要影响，孙七公司通过长期股权投资，可以进一步保障自己的原材料供应；当然，如果钱八公司以后资不抵债、面临破产清算，孙七公司也要为此而承担风险。

工程物资是个比较好理解的概念，是指用于固定资产建造的建筑材料（例如钢材、水泥、玻璃等），以及企业（例如汽车制造企业）的高价周转件（例如汽车的发动机）等。通常情况下，这些工程物资在购买后，企业需要使用它们进行加工建设等。比如，企业要自建厂房，需要购买钢材、水泥等物资，一个汽车组装厂需要购买发动机进行生产等。

投资性房地产，是指企业为赚取租金或资本增值，或两者兼有而持有的房地产。它主要包括已出租的土地使用权、持有并准备增值后转让的土地使用权和已出租的建筑物等。当然，企业为生产商品、提供劳务或者经营管理而持有的房地产，以及房地产开发企业作为存货的房地产，都是不属于"投资性房地产"范畴的。比如，某工厂将其闲置的一个厂区改造成为停车场，然后将这个停车场租赁给一家物业公司，该工厂从中获取租金，这便属于投资性房地产的行为。

固定资产，是指企业使用期限超过1年的房屋、建筑物、机器、机械、运输工具以及其他与生产、经营有关的设备、器具、工具等。它是企业的劳动手段，也是企业赖以生产经营的主要资产。可见，固定资产有两个内在特征，一是为支持生产经营活动而持有，二是使用寿命超过一个会计年度。比如，某家信息咨询公司出于经营活动的需要，而购买了电脑等办公物品，并作为日常营运所需之物，就属于固定资产的范畴。

在建工程，顾名思义，就是正在建设中、尚未竣工投入使用的建设项目，主要指企业固定资产的新建、改建、扩建，或技术改造、设备更新和大修理工程等尚未完工的工程支出。在实际运作中，在建工程包括"自营"和"外包"两种方式。其中，自营在建工程，是企业自行购买工程用料、自行施工并进行管理的工程；出包在建工程，是企业通过签订合同，由其他施工单位承包建造的工程。

无形资产，是指企业拥有或者控制的、没有实物形态的、可辨认的非货币性资产。它有广义和狭义两个概念之分，从广义上说，无形资产包括货币资金、应收账款、金融资产、长期股权投资、专利权、商标权等；从狭义上说，无形资产仅包括专利权、商标权、商誉等。为了避免引起混淆，本书"无形资产"采用狭义的概念。

长期待摊费用，是指企业已经支出，但摊销期限在1年以上（不含1年）的各项费用，包括租入固定资产的改良支出以及摊销期在1年以上的固定资产大修理支出、股票发行费用等。比如，某创业公司购买一台电脑用于办公后，为这台电脑缴纳了为期3年的质保费用，这便属于长期待摊费用的范畴。

其他债权投资，指企业分类为以公允价值计量且其变动计入其他综合收益的长期债权投资。比如，某公司购入的在活跃市场上有报价的债券，便可归为此类。

流动负债包括哪些债务

企业资产负债表中的负债，是指由企业过去的交易或者事项形成的、预期会导致经济利益流出企业的现时义务。

根据债务偿还速度或偿还时间的长短，企业负债可以分为流动负债和非流动负债。

所谓流动负债，是指企业将在1年内或超过1年的一个营业周期内偿还的债务，它主要包括短期借款、应付票据、应付账款、预收款项、应付职工薪酬、应交税费、其他应付款以及1年内到期的非流动负债等。

非流动负债，是指偿还期限在1年以上或超过1年的一个营业周期以上的债务。我们这里重点了解流动负债，非流动负债会在后面进行阐述。

在流动负债中，短期借款是相对于长期借款而言的，是指企业为维持正常的生产经营所需的资金或为抵偿某项债务而向银行或其他金融机构等借入的、还款期限在1年以下（含1年）的各种借款。

在实际经营活动中，短期借款的类型有很多，主要有经营周转借款、临时借款、结算借款、票据贴现借款、卖方信贷、预购定金借款和专项储备借款等。

应付票据，是指企业在商品购销活动和对工程价款进行结算时，因采用商业汇票结算方式而发生的，由出票人出票，委托付款人在指定日期无条件支付确定的金额给收款人或者票据的持票人。

商业票据包括商业承兑汇票和银行承兑汇票。

商业承兑汇票是出票人签发的，委托付款人在指定日期无条件支付确定的金额给收款人或者持票人的票据。

银行承兑汇票属于商业汇票的一种，是由在承兑银行开立存款账户的存款人出票，向开户银行申请并经银行审查同意承兑的，保证在指定日期无条件支付确定的金额给收款人或持票人的票据。

此外，应付票据按是否带息，还可以分为带息应付票据和不带息应付票据。

应付账款，是指因购买材料、商品或接受劳务供应等而发生的债务。这是买卖双方在购销活动中由于取得物资与支付货款在时间上不一致而产生的负债。

比如，甲企业从乙企业处赊购了一批货物，需在1年内支付货款，对于甲企业而言，这笔待支付的货款便属于应付账款。

预收款项，是指企业按照合同规定向购货单位预收的完全或部分货款，也可以理解为卖方向买方先借一笔款项，然后用商品归还，这对卖方来说，可以算是一种短期融资方式。

一般情况下，预收货款通常是买方在购买紧缺商品时乐意采用的一种方式，从而取得对货物的要求权。

此外，卖方对于生产周期长、售价高的商品，也常会向买方预收货款，以缓和公司资金占用过多的矛盾。

在会计核算中，预收货款不会计入公司的收入项目，而是计入短期负债项目。

应付职工薪酬，可以理解为企业对员工的一种负债，是企业使用职工的知识、技能、时间、精力，而应给予员工的一种补偿（报酬）；在企业给员工支付工资以后，这项负债自会自行减少。

应交税费，是指企业应交但尚未交的各项税金，例如增值税、消费税、所得税、资源税、土地增值税、城市维护建设税、个人所得税等。当企业按时缴纳各项应缴税费后，这项负债就会自行减少。

其他应付款，是指企业在商品交易业务以外发生的应付和暂收款项，例如企业应付租入固定资产和包装物的租金，管辖区内业主存入物业公司的装修保证金，应付职工统筹退休金等。

1年内到期的非流动负债，是指反映企业长期负债中自制表日起1年内到期的非流动负债，从形式上看，这仿佛应该在非流动负债里反映，但本质上是一种流动负债，需要在资产负债表的流动负债中单独列出。比如，1年内到期的长期借款、应付债券、长期应付款等均属于这个项目。

何为非流动负债

非流动负债便是相对于上面的流动负债而言，具有数额较大、偿还期限较长的特点。基于此，企业举借非流动债务，往往需要附有一定条件，例如需要企业以某项资产作为担保或提供担保人，必要情况下，还需要设置偿债基金等，以保护债权人的经济利益。

从不同的角度出发，非流动负债有以下分类方式。

（1）按照筹集方式的不同，非流动负债可分为长期借款、应付债券和长期应付款等。

其中，长期借款是指企业从银行或其他金融机构借入的、期限在1年以上（不含1年）的借款；应付债券则是股份制公司发行的一种债务契约，公司承诺在未来的特定日期，偿还本金并按事先规定的利率支付利息；长期应付款是企业在较长时间内应付的款项，主要有应付补偿贸易引进设备款和应付融资租入固定资产租赁费等。

（2）按照偿还方式的不同，非流动负债可分为定期偿还的非流动负债和分期偿还的非流动负债。

在非流动负债中，以长期借款、应付债券和长期应付款最为常见。通过对非流动负债的分析，我们发现它具备如下特点。

第一，非流动负债能够得以保证偿还的基本前提是，企业的短期偿债能力要比较强，最起码企业不至于破产清算。因此，企业的短期偿债能力是长期偿债能力的基础。

第二，非流动负债由于数额较大，其本金的偿还也必然有一个积累的过程。所以，从长期来看，企业的现金净流入状况会对以后的偿债能力有重要影响。基于此，我们可以知道，企业的长期偿债能力与企业的盈利能力密切相关。

第三，企业的非流动负债数额大小，关系到企业资本结构的合理性。因此，对待非流动债务，不仅要从偿债的角度进行考虑，还要从优化资本结构的角度进行考虑。比如，企业的资本结构中，有多大的比例是自有资金，有多大的比例是非流动负债？企业一定要使自己的资本结构保持稳健的态势，从而增强企业的偿债能力，降低企业的偿债风险。

所有者权益变动——谁动了我的奶酪

所有者权益，也称为股东权益，是在企业资产扣除负债后由所有者应享的剩余权益，即企业在一定时期所拥有或可控制的经济利益资源的净额，因此，所有者权益还被称为企业的"净资产"。

所有者权益的来源主要有三种。

（1）所有者投入的资本，有时也称为"股本"。

（2）所有者投资后的经营增值，比如留存收益。其中，留存收益是指公司在经营过程中创造的利润，本应分配给股东，但由于公司经营发展的需要或法定的原因等，没有分配给股东而留存在公司的盈利。

（3）直接计入所有者权益的利得和损失，其中，"利得"是指由企业非日常经营活动形成、导致股东权益增加、与股东投入资本无关的经济利益的流入，举例来说，某装饰公司承接了一项刚竣工大楼的装饰业务，结果发现大楼里尚有很多剩余的尾料（如残留的、不能再用于施工的钢筋尾料等），这时，客户告诉该装饰公司：你们想办法把它们处理掉吧，我们不要了。接着，该装饰公司收集了这些钢筋尾料后，当作废旧金属卖出去，得到一笔收入，这便是"利得"。所谓"损失"是指由企业非日常经营活动形成、导致股东权益减少、与股东分配利润无关的经济利益的流出，这显然是相对于上面的"利得"而言的。

结合上述所有者权益的主要三种来源，总体来说，所有者权益一般按照实收资本、资本公积、盈余公积和未分配利润进行分项列示。由于后文会专门阐述所有者权益的变动状况，因此在这里，我们能够知道所有者权益所包含的内容即可。我们接下来对资产负债表的内容进行一下归纳：

```
                          ┌ 流动资产
                   资产  ┤
                          └ 非流动资产
                          ┌ 流动负债
资产负债表 ┤      负债  ┤
                          └ 非流动负债

                   所有者权益
```

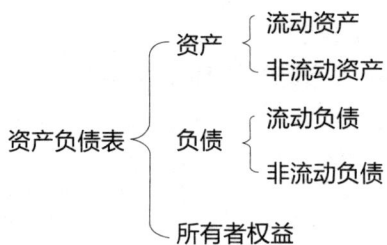

　　到此，我们便系统地知道了资产负债表所包含的内容，接下来，我们要了解的便是财务报表中另一个重要的部分——"利润表"。

第三章

反映企业损益状况
的利润表

利润表是反映企业在一定会计期间（如月度、季度、半年度或年度）内生产经营成果的会计报表。企业在这个会计期间内的经营成果，既可能表现为盈利，也可能表现为亏损，所以，利润表也被称为损益表。

在企业经营活动中，利润表无疑有重要的作用，它全面揭示了企业在某一特定时期实现的各种收入、发生的各种费用、成本或支出，以及企业实现的利润或发生的亏损情况。我们看一家企业是处于盈利状态还是亏损状态，主要便是通过利润表进行判断。不考虑计入当期损益的利得和损失，在利润表中遵循这样一个公式：

$$利润 = 收入 - 费用$$

我们从反映企业经营资金运动的角度来看，利润表是一种反映企业经营资金动态表现的报表，它主要提供企业有关经营成果方面的信息，比如动态变化中的收入与支出，所以利润表是一种动态会计报表。我们接下来看一张利润表模板（见表3-1）。

表3-1 利润表模板

编制单位：　　　　　　　　年　　月　　日　　　　　单位：（如"万元"）

项目	本月数	本年数
一、营业收入	※	※
减：营业成本		

项目	本月数	本年数
税金及附加		
销售费用		
管理费用		
财务费用		
投资收益（损失以"－"号填列）		
其中：对联营企业和合营企业的投资收益		
加：公允价值变动收益（损失以"－"号填列）		
资产减值损失（损失以"－"号填列）	※	※
二、营业利润（亏损以"－"号填列）		
加：营业外收入		
减：营业外支出		
三、利润总额（亏损总额以"－"号填列）	※	※
减：所得税费用		
四、净利润（净亏损以"－"号填列）	※	※
五、其他综合收益的税后净额	※	※
六、综合收益总额		
七、每股收益：		
（一）基本每股收益		
（二）稀释每股收益		

备注：1. ※栏不需填数字。

2. 本表为利润表模板，具体运用中，根据实际情况，在词语描述上可能会有所变动，但内在含义不变。

3. 有些利润表中，亏损以数字外面加（）表示，如（50），表示亏损50个单位数。

我们接下来对利润表中的各项组成进行详细了解。

营业收入是怎么算出来的

所谓营业收入，是指企业在从事销售商品、提供劳务和让渡资产使用权等日常经营过程中所形成的经济利益的总流入。营业收入根据企业营业领域的划分，包括主营业务收入和其他业务收入两种，它们对应的关系为：

营业收入 = 主营业务收入 + 其他业务收入

这里的主营业务收入，是指企业经常性的、主要业务所产生的基本收入，比如说，制造业提供工业性劳务作业而获得的收入，商品流通企业的商品销售收入，旅游服务业的门票收入、客户收入、餐饮收入等，由于是基于它们的主营业务而产生的收入，所以称为主营业务收入。由于企业的生存和发展，主要依赖其主营业务的发展，所以企业的主营业务收入应该在其营业收入中占的比重最大，否则的话，企业会给人一种"不务正业"的感觉。

相对于主营业务收入而言，其他业务收入是指企业主营业务收入以外的所有通过销售商品、提供劳务收入及让渡资产使用权等所形成的经济利益的流入。比如说，建筑装饰企业本来主营建筑装饰，但有时将施工现场剩下的尾料收集后销售获得一笔收入，便属于一种其他业务收入。可见，其他业务收入具有不经常发生的特点，占营业收入的比例也比较小。

在企业利润的形成过程中，营业收入可谓源泉。或者说，没有营业收入，肯定没有利润；有利润，必有营业收入。当然，在企业经营中，利润包括营业利润、利润总额和净利润，这些概念我们会在后面一一阐述。

　　另外，在企业实际经营中，还会涉及销售收入净额的概念。所谓销售收入净额，也称为销售净额，是指销售（营业）收入减去当期销售收入中扣除的项目，比如销售折扣、销货折让和销售退回等。这里要注意的是，销售净额并不是营业收入减去一切开支，营业收入减去一切开支后就成了营业利润。所以，销售净额的计算公式为：

销售净额 = 销售收入 − 销售退回及折让

我们接下来以图3-1来加深认识。

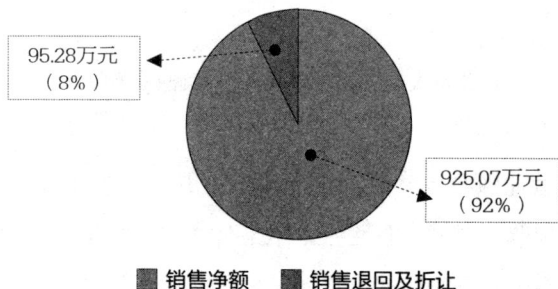

95.28万元
（8%）

925.07万元
（92%）

■ 销售净额　　■ 销售退回及折让

图3-1 章邯公司销售收入结构

　　通过图3-1，我们可以清晰地看出销售收入减去"销售退回及折让"后的金额，还可以获悉销售收入的总额，即"销售净额"与"销售退回及折让"之和。

　　基于此，我们可以看到，营业收入是企业补偿生产经营耗费的资金来源，关系到企业生产能否正常进行。所以，企业加强营业收入管理，能够更好地促进企业再生产的进行。同时，营业收入还是企业改善现金流量的重要保障，难以想象，如果一家企业总是出现现金流出却鲜有现金流入，长此以往的话，肯定会使企业在现金方面处于不利境地。基于此，企业需要控制投资，避免盲目投资与盲目生产，应该立足于持续改善营业收入。

营业成本包括哪些成本

营业成本，也称作运营成本，是指企业所销售商品或者提供劳务的成本。在实际操作中，营业成本应当与营业收入进行比较，从而了解企业是盈利还是亏损。所以，相对于营业收入来说，营业成本包括主营业务成本和其他业务成本。

所谓主营业务成本，是指公司生产和销售与主营业务有关的产品或服务所必须投入的直接成本，主要包括原材料、人工成本（如工资）和固定资产折旧等。"主营业务成本"用于核算企业因销售商品、提供劳务或让渡资产使用权等日常活动而发生的实际成本。

其他业务成本是指企业除主营业务活动以外的其他经营活动所发生的成本。比如，建筑装饰企业在拾捡工地上的钢材尾料时，聘用了几位工人，并支付给工人劳务费，那么支出的这笔费用便属于其他业务成本。

此外，对于一些经营商品流通的企业而言，销售成本往往构成了营业成本的主体。企业在销售中，总会伴随一定量的存货与进货，在这当中，会产生一定的费用。所以，销售成本的计算公式为：

销售成本 = 期初存货 + 本期进货成本 − 期末存货

无论对于任何企业来说，营业（销售）成本越低，那么意味着公司的经营效率越高，竞争力就会越强。比如说，世界著名的零售巨头沃尔玛，就是以保持较低的营业成本，而逐渐提升竞争力。因此，企业应该想办法压低不必要的成本，这对改善企业的利润状况是大有裨益的。

营业毛利是什么

所谓营业毛利，就是营业收入减去营业成本后的结果。用公式表示即为：

$$营业毛利 = 营业收入 - 营业成本$$

从这个公式中，我们可以看到，企业的营业毛利越大，那么，企业最终的净利润才有可能越大。当然，营业毛利不是一个绝对数字，我们要衡量一家企业获取毛利的能力，还要看另外一个指标，那就是营业毛利率，它的计算公式为：

$$营业毛利率 = \frac{营业毛利}{营业收入净额}$$

如果一家企业想要增加营业毛利、提高营业毛利率，就需要在增加销量、减少营业成本方面下功夫。当然，营业毛利还不是企业最终能够"拿到手"的利润，这里面还要减去相关的费用，以及承担一定的税负，我们会在后文做进一步详细的了解。

销售费用与营业成本一样吗

销售费用，是指企业在销售产品和提供劳务等日常经营过程中发生的各项费用以及专设销售机构的各项经费。比如，运输费、装卸费、包装费、保险费、广告费、展览费、租赁费（不包括融资租赁费），以及为销售本公司商品而专设销售机构的职工工资、福利费、办公费、差旅费、折旧费、修理费、物料消耗、低值易耗品的摊销等，均属于销售费用。

那么，销售费用与营业成本有什么样的区别呢？营业成本主要是购进商品所发生的成本，而销售费用则是商品销售过程中发生的各种费用，属于期间费用。一般来说，期间费用的计算公式为：

期间费用 = 财务费用 + 销售费用 + 管理费用

在会计核算中，销售费用下面通常有相应的次级科目，比如：

销售费用—工资—基本工资；

销售费用—职工福利费—福利费；

销售费用—职工教育经费；

销售费用—物料消耗；

销售费用—运输费；

销售费用—广告费；

销售费用—招待费—活动经费；

销售费用—车辆费—油费。

营业利润的计算公式

这里的营业利润，它的计算公式为：

营业利润＝营业收入－营业成本－税金及附加－销售费用－管理费用－财务费用－资产减值损失－信用减值损失＋公允价值变动收益（－公允价值变动损失）＋投资收益（－投资损失）＋资产处置收益（－资产处置损失）＋其他收益

其中，资产减值损失是指企业计提各项资产减值准备所形成的损失；公允价值变动收益（－损失）是指企业交易性金融资产等公允价值变动形成的应计入当期损益的利得（－损失）；投资收益（－损失）是指企业以各种方式对外投资所取得的收益（－发生的损失）；资产处置收益（－损失）反映企业出售划分为持有待售的非流动资产（金融工具、长期股权投资和投资性房地产除外）或处置组（子公司和业务除外）时确认的处置利得或损失，以及处置未划分为持有待售的固定资产、在建工程、生产性生物资产及无形资产而产生的处置利得或损失，还包括债务重组中因处置非流动资产产生的利得或损失和非货币性资产交换中换出非流动资产产生的利得或损失。

一般情况下，企业的营业利润为正数，表示企业处于盈利状态；营业利润为负数，意味着企业处于亏损状态。所以，我们判断一个企业是不是赚钱，主要从营业利润来判断。另外，从所得税的角度来看，企业处于盈利状态，便需要缴纳企业所得税。我们以表3-2为例，来进一步认识营业利润。

表3-2 勇峰公司2012—2013年度营业利润

项目	2012年	2013年	增减额	增减率
编制单位：勇峰公司		2014年1月18日		单位：万元
营业收入：	330.00	380.00	50.00	15.15%
减：营业成本	186.00	190.00	4.00	2.15%
税金及附加	0.98	1.30	0.32	32.65%
销售费用	9.00	10.00	1.00	11.11%
管理费用	20.00	23.00	3.00	15.00%
财务费用	60.00	65.00	5.00	8.33%
资产减值损失	4.00	2.00	−2.00	−50.00%
加：公允价值变动收益				
投资收益	−3.00	20.00	23.00	
营业利润	47.02	108.70	61.68	131.18%

通过表3-2，我们可以看出，勇峰公司2013年的营业收入比2012年度增加50万元；另外，勇峰公司在其他业务上，比如对外投资收益上扭亏为盈，获得了20万元投资收益。由于该公司在这两项收入上都有显著增加，因此，尽管该公司在营业成本与销售费用上都有所增加，但营业利润还是显著提升，即2013年比上年度增加利润61.68万元，利润增加率为131.81%，可以说利润增加非常显著。

营业外利润越多越好吗

企业的营业外利润，是指在营业利润以外，企业的营业外收入减去营业外支出的差额。一般情况下，企业的营业外利润应该小于营业利润。在这里，营业外收入主要包括与企业日常活动无关的政府补助、盘盈利得、捐赠利得等。

与营业外收入相对应的是营业外支出，它主要包括公益性捐赠支出、非常损失、盘亏损失、非流动资产毁损报废损失等。

接下来便是营业外利润的计算公式：

营业外利润=营业外收入－营业外支出

通常情况下，企业日常活动以外的业务，被称为非日常活动。在企业经营中，营业外利润一般会小于营业利润，但可以作为企业利润体系中的有益组成部分。因此，我们便得出企业利润总额的计算公式为：

利润总额=营业利润＋营业外利润

企业的利润总额也可以称为税前利润。因此，在企业的税前利润中扣除所得税后，便构成了企业的净利润。

净利润与利润总额的区别

所谓净利润，是指在利润总额中按规定缴纳了所得税以后公司的利润留存，一般也称为税后利润或净收益，这才是真正能够归企业自主分配的部分。一般情况下，企业的净利润有两个计算公式，一个是：

净利润=利润总额－所得税费用

另一个是：

净利润=利润总额×（1－所得税率）

比如，我国企业的一般所得税率为25％，小型微利企业的所得税率为20％，被国家认定为高新技术企业的纳税单位所得税率为15％等。根据这样的公式，企业便可以一步步算出来自己最后究竟获取的净利润是多少。

通过上面的公式可以看出，一个企业的净利润取决于两个因素，一个是利润总额，另一个是所得税率。对于第一个因素，企业可以通过扩大规模，从而增加利润总额；对于第二个因素，企业则可以通过靠近某些税收优惠法规，从而合理合法地降低自己所适用的所得税率。

对于企业来说，净利润是预计未来现金流量。正如我们所说的"量入为出"，企业的现金流量通常也是在净利润的基础上展开的。

了解上市公司的每股收益

每股收益，也称为每股盈余，是指税后利润与股本总数的比率。它不仅是预测股票投资价值的一个基础性指标，还是综合反映公司获利能力的重要指标，它是公司某一时期净利润与股份数的比率。

每股收益的计算公式为：

$$每股收益 = \frac{本期净利润}{发行股数}$$

该比率可以反映出每股创造的税后利润。其中，比率越高，表明所创造的利润就会越多。

假如公司只有普通股，净利润便是税后净利，股份数是指流通在外的普通股股数；假如公司还有优先股，应从税后净利中扣除分派给优先股股东的股利。

在这里，所谓普通股，是股票的一种基本形式，它构成上市公司资本的基础，我们平时在股市中进行交易的股票一般都是普通股；所谓优先股，是相对于普通股而言的，它在利润分红时具有优先权，在企业清算时也有优先求偿的权利。

举例来说，某上市公司在2013年归属于普通股股东的净利润为2,000万元，期初发行普通股股数为1,000万股，年内普通股股数未发生变化。那么，该公司在期末的每股收益为：2,000÷1,000=2元。

通过比较不同企业的每股收益，对投资者的投资决策有帮助。

第四章

反映企业"血液循环"的现金流量表

所谓现金流量表，是指反映企业在一定会计期间内现金和现金等价物流入与流出的报表。

这里的"现金"，是指企业库存现金以及可以随时用于支付的存款；"现金等价物"，是指企业持有的期限短、流动性强、易于转换为已知金额现金、价值变动风险很小的投资。

无可置疑，一个企业在经营中，必然伴随现金流，并通过这些流入或流出，反映资产负债表中的变动情况。因此，现金流量表可用于分析一家企业在短期内有没有足够的现金去应付开销，并决定了公司的短期生存能力，尤其是缴付账单的能力。

一般情况下，能够引起企业现金流量变动的因素，主要来自企业的经营、投资与筹资活动。我们接下来看一个现金流量表的模板（见表4-1）。

表4-1 现金流量表模板

编制单位：　　　　　　　　年　　月　　日　　　　　　单位：（如"万元"）

项目	上年度	本年度
一、经营活动产生的现金流量：	※	※
销售商品、提供劳务收到的现金		
收到的税费返还		
收到的其他与经营活动有关的现金		
经营活动现金流入小计		

项目	上年度	本年度
购买商品接受劳务支付的现金		
支付给职工以及为职工支付的现金		
支付的各项税费		
支付的其他与经营活动有关的现金		
经营活动现金流出小计		
经营活动产生的现金流量净额		
二、投资活动产生的现金流量：	※	※
收回投资收到的现金		
取得投资收益收到的现金		
处置固定资产、无形资产和其他长期资产收回的现金净额		
收到的其他与投资活动有关的现金		
投资活动现金流入小计		
购建固定资产、无形资产和其他长期资产支付的现金		
投资支付的现金		
支付的其他与投资活动有关的现金		
投资活动现金流出小计		
投资活动产生的现金流量净额		
三、筹资活动产生的现金流量：	※	※
吸收投资收到的现金		
取得借款收到的现金		
收到的其他与筹资活动有关的现金		
筹资活动现金流入小计		
偿还债务支付的现金		
分配股利、利润或偿付利息支付的现金		
支付的其他与筹资活动有关的现金		
筹资活动现金流出小计		
筹资活动产生的现金流量净额		
四、汇率变动对现金的影响		

项目	上年度	本年度
五、现金及现金等价物净增加额		
加：期初现金及现金等价物余额		
六、期末现金及现金等价物余额		

备注： 1. 有符号"※"的表格内，不需填入数字。

2. 若现金流出，则为负数，在数字前面附加上"-"或在数字外面附加上圆括号"（）"。

3. 实际运用中，根据需要，一些子项在具体描述中会有所变化。

在上面的表格中，在对应的项目中，现金流量净额的计算公式为：

现金流量净额 = 现金流入金额 - 现金流出金额

我们接下来以现金流量来源的角度，具体了解经营活动、投资活动与筹资活动产生的现金流量。

企业经营活动中的现金流量

　　企业在经营活动中，包括自己的主营业务以及其他业务，都会产生现金流量。比如，企业购进原料与劳务，企业向外销售产品等，只要涉及支出与收入，便会有现金流量。企业从事经营活动，很大程度上是为了先将现金转化为产品，然后再将产品转化为更多的现金。

　　我们接下来看一个经营活动中产生的现金流量的案例，并以表格的形式呈现（见表4-2）。

表4-2 韦小宝公司2012—2013年度经营活动现金流量

编制单位：韦小宝公司　　　　　2014年1月23日　　　　　单位：万元

项目	2012年度	2013年度
经营活动产生的现金流量：		
销售商品、提供劳务收到的现金	800.00	1,200.00
收到的税费返还	37.36	56.03
收到的其他与经营活动有关的现金	11.06	16.58
经营活动现金流入小计：	848.42	1,272.61
购买商品、接受劳务支付的现金	560.00	840.00
支付给职工以及为职工支付的现金	22.44	33.66
实际缴纳的增值税	46.53	69.80
支付的所得税款	21.43	32.14
支付的其他与经营活动有关的现金	3.76	5.64
经营活动现金流出小计	654.16	981.24
经营活动产生的现金流量净额	194.26	291.37

从上面的表格中可以看出，该公司的现金流量为正数，而且2013年度比2012年度现金净流入额增加97.11万元（291.37–194.26），该公司的现金拥有量更为充沛，这无疑为此后的扩大规模、进一步发展提供了基础。

当然，企业经营活动贯穿于日常行为之中，对于一些规模较大的企业来说，日常经营中现金流入与流出种目繁多，要核算出企业的现金流量表也并非易事。所以，在核算企业现金流量的时候，通常有两个方法，即直接法和间接法。

所谓直接法，也就是通过现金流入和支出的主要类别，来直接反映来自企业经营活动现金流量的统计方法。采用这种方法统计现金流量，可以有效地揭示出企业经营活动现金流量的来源和用途，也有助于预测企业未来的现金流量。在采用直接法统计现金流量时，现金流入的主要构成项目有：

（1）销售商品、提供劳务收到的现金；

（2）收到的税费返还；

（3）收到的其他与经营活动有关的现金。

经营活动现金流出的主要项目则包括：

（1）购买商品、接受劳务支付的现金；

（2）支付给职工以及为职工支付的现金；

（3）支付的各项税费；

（4）支付的其他与经营活动有关的现金。

通过比较上面的表格可知，表4-2的现金流量表便是通过直接法统计出来的。通过这种方法，经营活动现金流量净额等于经营活动现金流入与经营活动现金流出的差额。

另一种统计现金流量的方法是间接法，也就是在企业当期取得净利润的基础上，通过有关项目的调整，从而确定出经营活动的现金流量。采用该方法统计现金流量，可以揭示出净利润与净现金流量的差别，从而有利于分析收益的质量和企业的营运资金管理状况。

在将"净利润"调整为"经营活动现金净额"时，一般需要进行这样4

类计算。

（1）扣除非经营活动的损益，比如筹资和投资活动的损益。在具体统计时，这些扣除的损益主要包括：处置固定资产、无形资产、其他长期资产的损失；固定资产报废损失；财务费用；投资损失等。在净利润扣除"非经营活动损益"后，得出的便是"经营活动净损益"。

（2）加上不支付经营资产的费用。这主要包括6类费用：计提的减值准备；计提固定资产折旧；无形资产摊销；长期待摊费用摊销；待摊费用减少；预提费用增加。具体操作时，当这6种费用已在计算利润时扣除，但未在本期支付现金，所以将其加回去，得出"经营活动应得现金"。

（3）加上非现金流动资产减少。这主要包括：存货减少（减增加）；经营性应收项目减少，包括应收票据减少（减增加）、应收账款减少（减增加）、预付账款减少（减增加）、其他应收款减少（减增加）。

（4）加上经营性应付项目增加，包括应付票据增加（减减少）、应付账款增加（减减少）、其他应付款增加（减减少）、应付职工薪酬增加（减减少）、应交税费增加（减减少），以及递延税款贷项（该项目也可列作非经营损益）。

这里要解释的是，所谓"减增加"或"减减少"，都是从现金进出的角度来说的。比如，存货减少（减增加），那么减少的存货数额可用负数表示，存货数额减少，意味着变成的现金数额要增加了，所以减去一个负数，也就是相当于加上一个正数；在应付票据增加（减减少）中，应付的票据数额增加了，意味着企业要在未来某个时间向外支付出去一笔款项，对于企业的现金拥有状况来说，要减少一笔款项，需用负数表示，但毕竟这笔应付款项还没有支付，所以对于企业当前的现金状况来说，可以减去这笔未来需减少自己现金拥有量的数额，也就成了加法运算。

我们再来看一个案例（见表4-3、表4-4、表4-5）。

表4-3 东方公司2012—2013年度经营活动现金流量

编制单位：东方公司　　　　　　　　　　　　　　　　　　　　单位：元

项目	2012年度	2013年度
一、经营活动产生的现金流量：		
销售商品、提供劳务收到的现金	4,062,638,832.00	4,053,959,452.00
收到的税费返还	53,481,591.00	189,299,218.00
收到的其他与经营活动有关的现金	60,007,434.00	56,020,730.00
二、经营活动现金流入小计：	4,176,127,857.00	4,299,279,400.00
购买商品、接受劳务支付的现金	2,565,704,338.00	4,800,965,138.00
支付给职工以及为职工支付的现金	200,393,079.00	113,714,950.00
实际缴纳的增值税	237,675,850.00	235,802,871.00
支付的所得税款	41,276,727.00	108,593,623.00
支付的其他与经营活动有关的现金	105,118,417.00	19,046,162.00
三、经营活动现金流出小计	3,150,168,411.00	5,278,122,744.00
四、经营活动产生的现金流量净额	1,025,959,446.00	−978,843,344.00

表4-4 东方公司2012—2013年度损益状况

编制单位：东方公司　　　　　　　　　　　　　　　　　　　　单位：元

项目	2012年度	2013年度
一、营业收入	3,421,123,392.00	3,328,550,503.00
减：营业成本	2,321,863,158.00	2,841,962,528.00
加：公允价值变动收益	28,479,305.00	33,352,142.00
减：销售费用	395,680,782.00	379,759,845.00
管理费用	219,554,833.00	155,802,267.00
财务费用	44,072,455.00	23,103,087.00
二、营业利润	468,431,469.00	−38,725,082.00
加：营业外收入	292,562,148.00	702,527,264.00
减：营业外支出	105,118,417.00	19,046,162.00

续表

项目	2012年度	2013年度
三、利润总额	655,875,200.00	644,756,020.00
减：所得税费用	65,170,372.00	1,171,704.00
四、净利润	590,704,828.00	643,584,316.00

表4-5 东方公司2012—2013年度流动资产与流动负债状况

编制单位：东方公司   单位：元

项目	2012年12月31日	2013年12月31日
货币资金	1,391,527,935.00	753,140,484.00
应收票据	515,333,627.00	986,009,131.00
应收账款	548,501,861.00	684,832,860.00
其他应收款	151,573,480.00	184,336,092.00
预付款项	176,526,932.00	84,107,301.00
应收补贴款	71,012,989.00	19,515,844.00
存货	1,271,621,080.00	1,560,354,505.00
流动资产	4,126,097,904.00	4,272,296,217.00
短期借款	716,497,023.00	883,799,018.00
应付票据	818,121,491.00	254,400,365.00
应付账款	155,067,912.00	65,706,445.00
预收款项	5,564,140.00	7,168,578.00
应付职工薪酬	11,161,428.00	13,587,433.00
应交税费	338,453,344.00	5,624,275.00
其他应付款	47,220,480.00	161,072,345.00
流动负债	2,092,085,818.00	1,391,358,459.00

通过表4-3的数据可知，东方公司2013年度现金流量表上反映出的经营活动现金流量金额减少，其中的主要原因不是收款问题，而是"购买商品、接受劳务支付的现金"以及"支付的所得税款"出现了不利于经营活

动产生的现金流量净额增加的重大变化，而"支付给职工以及为职工支付的现金"和"支付的其他与经营活动有关的现金"则出现了有利于现金流量表中经营活动产生的现金流量净额增加的重大变化。

我们在比较了现金流量（表4-3）与同时期的损益状况（表4-4）、流动资产与流动负债状况（表4-5）后，可以知道，企业2013年购买商品、接受劳务支付的现金为48亿元。

我们再比较一下现金流量表中"支付的其他与经营活动有关的现金"的2013年数与上年数，以及损益状况中"营业外支出"的2013年数与上年数，发现现金流量中"支付的其他与经营活动有关的现金"的2013年数与上年数，同损益状况中"营业外支出"的2013年数与上年数是相同的。

我们再来看现金流量中"支付给职工以及为职工支付的现金"，通过观察表中的数据可知，东方公司2013年度该项支出比2012年度减少了约45％。企业减少支付给职工以及为职工支付的现金的原因，既可能是企业在年内采取了裁员策略，也可能是企业在年内降低了职工的收入待遇。不论是哪一个原因，都可能对企业的员工士气产生影响。

我们再来看东方公司"支付的所得税及其他与经营活动有关的现金"。我们可以比较一下现金流量中"支付的所得税款"与损益状况中"所得税"项目的金额会发现，东方公司2013年度"所得税"费用仅为117.17万元，而现金流量表中显示出支付的所得税却为1.08亿元！

通过进一步了解，包括查看报表的附注，我们知道，东方公司2013年初应交所得税为1.42亿元，在2013年内缴纳了1.08亿元税款后，年末应交所得税仍有约0.35亿元。这说明，东方公司可能长期存在大额所得税负债。所以，我们在观察现金流量的同时，再比较同期的资产负债与利润，便可以发现企业在编制现金流量表上存在的问题。

总之，了解企业经营活动中的现金流量，对我们了解一家企业非常重要。在现实生活中，我们或许也会听说过一些案例，比如某家企业个人的印象很有"实力"，可突然破产了等。这里面的一个重要原因，便是企业的现金流量出了问题，从而导致资金链断裂。

所以，我们在了解一家企业时，除了看这家企业的账面资产与盈利状况，比如说看资产负债和利润，还要关注其现金流量。假如一家企业从表面上看，账面市值很高，也处于盈利状态，但其经营活动主要靠赊销的形式销售出去，虽然显示出这家企业营收不断增加，但其中的应收账款一旦成为坏账，那么，这样的企业在经营中还是要承担很大风险的。

基于此，企业通过关注自身的现金流量，可以找出导致自己现金流量不健康的原因所在，从而改善现金流；对于广大投资者来说，通过关注一家企业的现金流量状况，可以看到企业的经营状况是否保持充沛的现金流，毕竟，在企业经营中，"现金为王"，只有现金流活跃，才能更有力地说明一家企业的生命力和竞争力。

企业投资活动中的现金流量

投资活动产生的现金流量，是指企业对长期资产（通常指一年以上）的购建与处置产生的现金流量，包括购建固定资产、长期投资现金流量和处置长期资产现金流量，在现金流量表中，这些项目需按其性质分项列示。我们接下来详述投资活动现金流量主要包括哪些项目。

（1）收回投资收到的现金。该项反映出企业出售、转让或到期收回除现金等价物以外的短期投资、长期股权投资而收到的现金，以及收回长期债权投资本金而收到的现金。这里面不包括长期债权投资收回的利息，以及收回的非现金资产。

（2）取得投资收益收到的现金。该项反映出企业因各种投资而分得的现金股利、利润、利息等。

（3）处置固定资产、无形资产和其他长期资产收到的现金净额。该项反映出企业处置固定资产、无形资产和其他长期资产所取得的现金，并扣除为处置这些资产而支付的有关费用后的净额。由于自然灾害所造成的固定资产等长期资产损失而收到的保险赔偿收入，也在本项目中反映。

（4）收到的其他与投资活动有关的现金。该项反映企业除了上述各项以外，收到的其他与投资活动有关的现金流入。在其他现金流入中，对于数额较大的，应单列项目反映。

（5）购建固定资产、无形资产和其他长期资产支付的现金。该项反映企业购买、建造固定资产，取得无形资产和其他长期资产所支付的现金；不包括为购建固定资产而发生的借款利息资本化的部分，以及融资租入固定资产支付的租赁费、借款利息和融资租入固定资产支付的租赁费，这些在筹资活动产生的现金流量中单独反映。企业以分期付款方式购建的固定资产，其首次付款支付的现金作为投资活动的现金流出，以后各期支付的现金作为筹资活动的现金流出。

（6）投资支付的现金。该项反映企业进行各种性质的投资所支付的现金，包括企业取得的除现金等价物以外的短期股票投资、长期股权投资支付的现金，以及支付的佣金、手续费等附加费用。此外，企业购买股票和债券时，实际支付的价款中包含的已宣告但尚未领取的现金股利或已到付息期但尚未领取的债券的利息，应在投资活动的"支付的其他与投资活动有关的现金"项目反映；收回购买股票和债券时支付的已宣告但尚未领取的现金股利或已到付息期但尚未领取的债券的利息，在投资活动的"收到的其他与投资活动有关的现金"项目反映。

（7）支付的其他与投资活动有关的现金。该项反映企业除了上述各项以外，支付的其他与投资活动有关的现金流量；对于其中现金流出数额较大的，应单列项目反映。

我们接下来通过一个案例来认识投资活动中的现金流量，该案例以表4-6的形式呈现如下。

表4-6 玉麒麟公司2012—2013年度投资活动现金流量

编制单位：玉麒麟公司　　　　　　2014年1月27日　　　　　　单位：万元

项目	2012年度	2013年度
一、投资活动产生的现金流量：		
收回投资收到的现金	—	300.00
取得债券利息收入收到的现金	83.91	147.39
处置固定资产、无形资产和其他长期资产收回的现金净额	350.00	—
二、投资活动现金流入小计：	433.91	447.39
购建固定资产、无形资产和其他长期资产支付的现金	400.00	60.00
投资支付的现金	10.62	53.10

续表

项目	2012年度	2013年度
支付的其他与投资活动有关的现金	1.59	9.03
三、投资活动现金流出小计	412.21	122.13
四、投资活动产生的现金流量净额	21.70	325.26

通过表4-6可以看出，玉麒麟公司2013年度投资活动产生的现金流量净额远远超出2012年度。现金流入量大增，本来应该是皆大欢喜的事情，但我们在观察投资活动带来的现金流入净额时，还要与其经营活动现金流量进行比较。假如我们发现一家公司的投资现金流入超过营业活动的现金流入，便需要引起我们的注意。这意味着，企业可能将本应用于主营业务的资金进行了其他投资，如果这种投资受挫，将对企业的正常经营产生重大影响。

比如说，曾经有一些制造企业看到炒房、炒股票赚取的利润多，便将大量本可以扩大公司生产规模的资金用于投资，结果，一旦企业在楼市、股市方面的投资受挫，便会严重影响企业的资金链。所以，企业进行适当的投资、盘活资产是必要的，但一定要保障主营业务的开展。

我们接下来仍以前文东方公司为例，了解其在投资活动中的现金流量情况（见表4-7）。

表4-7 东方公司2012—2013年度投资活动现金流量

编制单位：东方公司　　　　　　　　　　　　　　　　　　　　单位：元

项目	2012年度	2013年度
一、投资活动产生的现金流量：		
收回投资收到的现金	70,424,760.00	—
取得债券利息收入收到的现金	34,598,882.00	19,698,392.00
处置固定资产、无形资产和其他长期资产收回的现金净额	—	120,852,051.00
二、投资活动现金流入小计：	105,023,642.00	140,550,443.00

续表

项目	2012年度	2013年度
购建固定资产、无形资产和其他长期资产所支付的现金	118,015,120.00	772,240,523.00
投资支付的现金	364,424,760.00	2,500,000.00
支付的其他与投资活动有关的现金	902,000.00	33,398.00
三、投资活动现金流出小计	483,341,880.00	774,773,921.00
四、投资活动产生的现金流量净额	−378,318,238.00	−634,223,478.00

附注：东方公司2013年度投入大量资金用于改善厂房及技术设备。

通过上面的现金流量表可以知道，使得东方公司2013年度现金流出的主要原因是购建固定资产、无形资产等所支付的现金，其中尤以构建固定资产流出的资金最多，在2013年度现金流出量中占到99.67%。

通过表4-7，我们可以知道，东方公司在2013年度的固定资产在房屋建筑、机器设备等方面得到了极大改善。对于企业这种促使硬件设备水平获得很大改善的做法，我们需要观察这种行为能否为日后带来相应的经济效益。当然，这主要得看企业能否对上述资产进行有效的综合利用。

企业筹资活动中的现金流量

企业筹资活动中的现金流量，是指使企业资本及债务的规模和构成发生变化的活动所产生的现金流量，它也包括现金流入和现金流出，并按其性质分项列示。在企业经营过程中，筹资也是一个重要环节，尤其是当企业自身资金不足时，筹资活动对企业的意义更是不言而喻。我们接下来详述筹资活动中现金流量的主要项目。

（1）吸收投资收到的现金。该项反映企业收到的投资者投入的现金，包括以发行股票方式筹集的资金实际收到的股款净额（即发行收入减去支付的佣金等发行费用后的净额）、发行债券实际收到的现金（发行收入减去支付的佣金等发行费用后的净额）等。其中，以发行股票方式等筹集资金而由企业直接支付的审计、咨询等费用，以及发行债券支付的发行费用，在"支付的其他与筹资活动有关的现金"项目反映，不从本项目内扣除。

（2）取得借款收到的现金。该项反映企业举借各种短期、长期借款所收到的现金。

（3）收到的其他与筹资活动有关的现金。该项反映企业除上述各项目外，收到的其他与筹资活动有关的现金流入，如接受现金捐赠等。在其他现金流入中，对于数额较大的，应单列项目反映。

（4）偿还债务支付的现金。该项反映企业以现金偿还债务的本金，包括偿还金融企业的借款本金、偿还债券本金等。其中，企业偿还的借款利息、债券利息，在"分配股利、利润或偿付利息支付的现金"项目反映，不包括在本项目内。

（5）分配股利、利润或偿付利息支付的现金。该项反映企业实际支付的现金股利、利润，以及支付给其他投资的利息。

（6）支付的其他与筹资活动有关的现金。该项反映企业除了上述各项外，支付的其他与筹资活动有关的现金流出，如捐赠现金支出等。在其他现金流出中，对于数额较大的，予以单独列项反映。

我们接下来仍以一个案例进行阐述，并以表4-8的形式来呈现。

表4-8 秋香公司2012—2013年度筹资活动现金流量

编制单位：秋香公司　　　　　　2014年1月6日　　　　　　　单位：万元

项目	2012年度	2013年度
一、筹资活动产生的现金流量：		
吸收投资收到的现金	380.00	—
取得借款收到的现金	500.00	—
收到的其他与筹资活动有关的现金	260.00	483.20
二、筹资活动现金流入小计：	1140.00	483.20
偿还债务支付的现金	—	314.69
分配股利或利润或偿付利息支付的现金	166.53	271.95
支付的其他与筹资活动有关的现金	49.99	57.38
三、筹资活动现金流出小计	216.52	644.02
四、筹资活动产生的现金流量净额	923.48	-160.82

通过表4-8可以看到，该公司2012年度筹资活动产生的现金流入净额为923.48万元，在2013年度时，由于需要偿付去年筹资产生的债务，因此现金流入净额为负，意味着现金净流出160.82万元。一般情况下，我们在面对筹资活动中的现金流量时，需要从这样两个方面进行分析。

一是筹资活动现金流量净额小于或等于零。出现这样的情况，往往会有多个原因，比如，企业筹资达到了一定目的，然后利用经营活动产生的现金流量或者投资活动产生的现金流量进行债务偿还。当然，也可能是企业的投资或经营活动出现失误，需要企业变卖资产来偿还债务。

二是筹资活动现金流量净额大于零。我们判断一家企业筹资活动的现金流量净额大于零是否正常，关键要看企业筹资的目的，比如说，企业可能是为了扩大规模，也可能是企业经营或投资失误，从而入不敷出，需要向外筹资来渡过难关等。

我们接下来仍以前面的东方公司为例，观察其在筹资活动中的现金流量情况（见表4-9）。

表4-9 东方公司2012—2013年度筹资活动现金流量

编制单位：东方公司　　　　　　　　　　　　　　　　　　　　　　　单位：元

项目	2012年度	2013年度
一、筹资活动产生的现金流量：		
吸收投资收到的现金	—	1,043,863,500.00
取得借款收到的现金	—	200,200,000.00
收到的其他与筹资活动有关的现金	35,134,679.00	18,905,306.00
二、筹资活动现金流入小计：	35,134,679.00	1,262,968,806.00
偿还债务支付的现金	126,000,000.00	—
分配股利或利润支付的现金	235,936,755.00	188,749,404.00
偿付利息支付的现金	74,498,941.00	39,166,820.00
支付的其他与筹资活动有关的现金	4,172,396.00	3,634,659.00
三、筹资活动现金流出小计：	440,608,092.00	231,550,883.00
筹资活动产生的现金流量净额	− 405,473,413.00	1,031,417,923.00
四、汇率变动对现金的影响	—	—
五、现金及现金等价物净增加额	242,167,795.00	−581,648,899.00

通过表4-9可以看出，东方公司2013年度筹资活动的现金流入量，主要包括从股市中筹集的资金以及借款收到的现金，二者在当年现金流入中分别占比82.65％与15.85％。我们从东方公司在股市中筹集到大量资金可知，东方公司在股市中有较强的筹资能力。至于该公司2013年度超过2亿元

的借款是否得当，关键看这笔借款是否有利于企业日后的发展。

总之，在现金流量表的每一个数字背后，总是隐含着丰富的故事。所以，我们在看一张现金流量表，以及其他财务报表时，如资产负债表、利润表等，应该紧密结合报表所关联企业的实际状况，从而得到正确的认识。

第五章

所有者权益变动表

所有者权益变动表，又称为股东权益变动表，是指反映构成所有者权益的各组成部分当期的增减变动情况的报表。

因此，所有者权益变动表应当全面反映一定时期所有者权益变动的情况，该表可以解释在某一特定时间内，股东权益如何因企业经营的盈亏及现金股利的发放而发生的变化，所以包含了管理阶层是否公平对待股东的重要信息。

基于此，我们可以知道，所有者权益变动表能够反映构成所有者权益各组成部分当期增减的变动情况，这里面不仅包括所有者权益总量的增减变动，还包括所有者权益增减变动的重要结构性信息，因此，它可以使报表使用者准确理解所有者权益增减变动的根源。

通常情况下，在所有者权益变动表中，应至少单独列示与反映这些信息：

（1）净利润；

（2）直接计入所有者权益的利得和损失项目及其总额；

（3）会计政策变更和差错更正的累积影响金额；

（4）所有者投入资本和向所有者分配利润；

（5）按照规定提取的盈余公积；

（6）实收资本（或股本）、资本公积、盈余公积、未分配利润的期初和期末余额及其调节情况。

为了便于直观地理解，我们接下来看一张所有者权益变动表的模板（见表5-1）。

表5-1 所有者权益变动表模板

项 目	本年金额						上年金额					
	实收资本（或股本）	资本公积	减：库存股	盈余公积	未分配利润	所有者权益合计	实收资本（或股本）	资本公积	减：库存股	盈余公积	未分配利润	所有者权益合计
一、上年末余额												
加：会计政策变更												
前期差错更正												
二、本年初余额												
三、本年增减变动金额（减少以"－"号填列）												
（一）综合收益总额												
（二）所有者投入和减少资本												
1．所有者投入的普通股												
2．其他权益工具持有者投入资本												
3．股份支付计入所有者权益的金额												
4．其他												
（三）利润分配												
1．提取盈余公积												

项 目	本年金额						上年金额					
	实收资本（或股本）	资本公积	减：库存股	盈余公积	未分配利润	所有者权益合计	实收资本（或股本）	资本公积	减：库存股	盈余公积	未分配利润	所有者权益合计
2. 对所有者（或股东）的分配												
3. 其他												
（四）所有者权益内部结转												
1. 资本公积转增资本（或股本）												
2. 盈余公积转增资本（或股本）												
3. 盈余公积弥补亏损												
4. 设定受益计划变动额结转留存收益												
5. 其他综合收益结转留存收益												
6. 其他												
四、本年末余额												

备注：1. 该表有时也称为"股东权益变动表"。

2. 根据需要，实际运用中，一些子项在列示描述上可能会有所变化。

通过表5-1可以看出，所有者权益变动表中需要填列的项目较多。那么，这些项目应该怎样填列呢？我们通常遵循这样的填列原则：

（1）"上年末余额"，是反映上年资产负债表中实收资本（或股本）、资本公积、库存股、盈余公积、未分配利润的年末余额。

（2）"会计政策变更""前期差错更正"，分别反映采用追溯调整法处理的会计政策变更的累积影响金额和采用追溯重述法处理的会计差错更正的累积影响金额。

（3）"本年增减变动额"，该项中包含如下子项。

①"综合收益总额"，反映净利润和其他综合收益扣除所得税影响后的净额相加后的合计金额。

②"所有者投入和减少资本"，反映企业当年所有者投入的资本和减少的资本。该子项下面也包含了若干次级子项："所有者投入资本"，反映企业接受投资者投入形成的实收资本（或股本）和资本溢价或股本溢价；"股份支付计入所有者权益的金额"，反映企业处于等待期中的权益结算的股份支付当年计入资本公积的金额。

③"利润分配"，反映企业当年的利润分配金额。该子项下面的若干次级子项为："提取盈余公积"，反映企业按照规定提取的盈余公积；"对所有者（或股东）的分配"，反映对所有者（或股东）分配的利润（或股利）金额。

④"所有者权益内部结转"，反映企业构成所有者权益的组成部分之间的增减变动情况。该子项下面的若干次级子项为："资本公积转增资本（或股本）"；反映企业以资本公积转增资本或股本的金额："盈余公积转增资本（或股本）"；反映企业以盈余公积转增资本或股本的金额："盈余公积弥补亏损"，反映企业以盈余公积弥补亏损的金额。

我们接下来对所有者权益变动表中比较常见、也非常重要的项目进行阐述。

资本公积的含义

所谓资本公积，是企业收到投资者的超出其在企业注册资本所占份额，以及直接计入所有者权益的利得和损失。一般情况下，资本公积包括资本溢价（股本溢价）和其他资本公积。

资本溢价是指企业收到投资者超出其在企业注册资本（或股本）中所占份额的投资。通常来说，形成资本溢价（或股本溢价）的原因有：溢价发行股票、投资者超额缴入资本等。

其他资本公积，指除资本溢价（或股本溢价）项目以外所形成的资本公积。

资本公积可以分为两类：一类是可以直接用于转增资本的资本公积，它包括资本（或股本）溢价、拨款转入、外币资本折算差额和其他资本公积等；另一类是不可以直接用于转增资本的资本公积。

资本公积与我们所了解的实收资本、留存收益等不同。这是因为，资本公积是投资者或他人投入企业、所有权归属于投资者，并且金额上超过注册资本部分的资本或者资产。从形成来源上看，它不是由企业实现的利润转化而来的，从本质上讲应属于投入型资本范畴。从这点上看，它与留存收益有着本质不同，因为留存收益是由企业实现的利润转化而来的。所以，我们在核算资本公积时，要与收益项目相区分。

另外，尽管资本公积属于投入资本范畴，但它与实收资本又有所不同。因为实收资本是投资者投入、为谋求价值增值的原始投资，属于法定资本，在金额上有比较严格的限制；而资本公积在金额上则没有严格的限制，在来源上也相对较多，比如，它可以来源于投资者的额外投入，也可以来源于除投资者之外的其他企业或个人。

对于资本公积的下属科目，我们进行如下阐述。

（1）在有限公司创立时，出资者认缴的出资与注册资本往往一致，不会产生资本公积。只有在又有了新的投资者介入时，原先投入的按投资比例计算的出资额计入实收资本；对于超过的部分，则计入"资本公积——资本溢价"。当企业又有了新的投资者时，若该投资者希望占有公司的一定注册资本比例，则有如下计算公式：

$$新投资者出资总额 = \frac{实收资本+留存收益}{1-欲占注册资本比例} \times 欲占注册资本比例$$

举例来说，甲、乙、丙三人各出资100万元组建某有限公司，创业时实收资本300万元。创业两年后，企业留存收益为150万元，这时，看到这家新公司发展前景良好，于是，新投资者丁也申请加入，并希望占有25%的股份。假如甲、乙、丙三人同意了，那么，丁需要投入的资金数额为：

$$\frac{300+150}{1-25\%} \times 25\% = 150（万元）$$

那么，在进行会计计算时，其中的100万元计入注册资本，50万元为资本公积。会计分录具体如下：

借：银行存款150万元

贷：实收资本100万元

资本公积50万元

这里需要说明的是，"借""贷"是会计学中的两个专用符号，根据"借贷平衡"的原理，有"借"必有"贷"，而且两者要相等，反之也是成立的。

另外，企业在接受投资者以非现金资产投入的资本，在办理产权转移手续后，按投资各方确认的资产价值作为实收资本，确认的资产价值超过其在注册资本中所占份额的部分，应计入资本公积。

（2）股份公司在溢价发行股票时，要确认"资本公积—股本溢价"。发行股票所支付的手续费或佣金等发行费用，减去发行期冻结期间产生的利息收入后的余额，对于没有溢价或溢价金额不足以支付发行费用的部分，直接计入财务费用，不作为长期待摊费用。

若企业为减资等目的，回购本公司股票，属于所有者权益变化，回购价格与所对应股本之间的差额不计入损益，并依次冲减"股本""资本公积""盈余公积""利润分配—未分配利润"等科目。如果回购价格低于所对应的股本，其差额计入"其他综合收益"。

（3）"资本公积—拨款转入"。按形成资产并留存企业的计入资本公积，形成资产后上交的部分不计入资本公积；对未形成资产报经核销后（费用化）不计入资本公积。

（4）"资本公积—股权投资准备"。这是当企业对其被投资企业的长期股权投资采用权益法核算时，因被投资单位资本公积变动影响其所有者权益变动，企业按持股比例计算增加的资本公积，以及投资时，初始投资成本小于应享有被投资单位所有者权益份额的差额。

（5）"外币资本折算差额"。这是指企业在接受外币投资时，收到的外币资产应作为资产登记入账；同时，对接受的外币资产投资应作为投资者的投入，增加实收资本。目前，我国境内的企业一般以人民币为记账本位币，在收到外币资产时需要将外币资产价值折合为人民币记账。企业在将外币资产折合为人民币记账时，其折合汇率应按以下原则确定。

① 对于各项外币资产账户，一律按收到出资额当日的汇率折合。

② 对于实收资本账户，合同约定汇率的，按合同约定的汇率折合；合同没有约定汇率的，按收到出资额当日的汇率折合。由于有关资产账户与

实收资本账户所采用的折合汇率不同而产生的人民币差额，作资本公积处理。企业收到投资者投入的外币资产，按收到出资额当日的汇率折合的人民币金额，借记有关资产科目；按合同约定汇率或按收到出资额当日的汇率折合的人民币金额，贷记"实收资本"科目；按收到出资额当日的汇率折合的人民币金额与按合同约定汇率折合的人民币金额之间的差额，借记或贷记"资本公积—外币资本折算差额"科目。

举例来说，某公司接受外商投资外币资本1,000万美元，受到货币时，市场汇率为1：6.21（美元：人民币），而中外两家公司在签订协议时约定汇率为1：6.07（美元：人民币）。

因此，中方公司收到外币时折算为人民币资产价值6,210万元（1,000万美元×6.21），而折算为实收资本的入账价值为6,070万元（1,000万美元×6.07），外币折算差额为140万元，应计入资本公积账户，会计分录如下：

借：银行存款6,210万元

贷：实收资本——外商投资6,070万元

资本公积——外币资本折算差额140万元

（6）"关联交易差价"。这是指上市公司与关联方之间显失公允的关联交易所形成的差价，这部分差价主要是从上市公司出售资产给关联方、转移债权、委托经营或受托经营、关联方之间承担债务和费用以及互相占用资金等，因其关联交易显失公允而视为关联方对上市公司的捐赠所形成的资本公积。这部分资本公积不能用于转增资本和弥补亏损，应待上市公司清算时再予处理。

（7）"其他资本公积"。这是指除上述各项资本公积以外形成的资本公积，以及从各项资本公积准备项目转入的金额，"其他资本公积"与资本溢价或股本溢价的性质基本相同，也属于所有者权益，但与所有者权益中的准备项目不同。所有者权益中的准备项目不能转赠资本，而其他资本公积是企业已经实现的资本公积，可以按规定转赠资本。

另外，资本公积可按法定程序经批准后转赠资本。这时，企业应将资本公积从"资本公积"科目转入"实收资本"或"股本"科目。

企业盈余公积怎么计算

所谓盈余公积，是指企业按照规定从净利润中提取的各种积累资金。盈余公积和资本公积均是股东权益的重要组成部分。

一般情况下，盈余公积可以分为两种。

一是法定盈余公积。对于公司制企业的法定盈余公积，按照税后利润的10％提取；对于非公司制的企业，可以按照超过10％的比例提取；法定盈余公积累计额已达注册资本的50％时，可以不再提取。

另一种是任意盈余公积，它主要是公司制企业按照股东大会的决议来提取。

法定盈余公积和任意盈余公积的区别就在于其各自计提的依据不同，前者以国家的法律或行政规章为依据提取，后者则由企业自行决定提取。

那么，盈余公积在企业中有什么样的用处呢？主要是三种用途。

（1）用于弥补亏损。也就是说，当企业发生亏损时，应由企业自行弥补。企业弥补亏损主要有三种方法：

一是用以后年度的税前利润来弥补，按照相关制度规定，企业发生亏损时，可以用以后五年内实现的税前利润来弥补，即税前利润弥补亏损的期限为五年；

二是用五年以后的年度税后利润来弥补，也就是说，企业发生的亏损经过五年仍未弥补足额的，尚未弥补的亏损应用五年后的年度所得税后利润来弥补；

三是以盈余公积弥补亏损，通常情况下，企业以提取的盈余公积弥补亏损时，应由公司董事会提议，并经股东大会批准。

（2）转增资本。企业在将盈余公积转增资本时，必须经股东大会决议批准；在实际将盈余公积转增资本时，要按股东原有持股比例结转；盈余公积转增资本时，转增后留存的盈余公积的数额不得少于注册资本的25％。

（3）分配股利。从原则上来说，如果企业当年没有利润，就不得分配股利；如果为了维护企业信誉，企业需要用盈余公积来分配股利，必须符合这些条件：用盈余公积弥补亏损后，该项公积金仍有结余；用盈余公积分配股利时，股利率不能太高，不得超过股票面值的6％；分配股利后，法定盈余公积金不得低于注册资本的25％。

通过前文的阐述，我们可以看到，盈余公积的提取实际上是企业当期实现的净利润向投资者分配利润的一种限制。一般情况下，经提取形成盈余公积后，就不得用于向投资者分配利润或股利。当然，在企业符合法定条件，需要提取盈余公积时，无论用于弥补亏损，还是用于转增资本或分配股利，实际上都是在企业所有者权益内部的转换。

举例来说，某公司经股东大会决议后，决定将100万元法定盈余公积转增股本，那么，按规定在增资程序后，该公司做出如下会计分录：

借：盈余公积—法定盈余公积100万元
　　贷：股本100万元

前文的案例是盈余公积转增股本，假如企业需要盈余公积弥补亏损时，该怎样进行会计处理呢？我们再来看一个案例。

某公司由于经营亏损150万元，经股东大会决议后，用法定盈余公积弥补亏损，那么，该企业在做会计分录时，处理如下：

借：盈余公积—法定盈余公积150万元
　　贷：利润分配—盈余公积补亏150万元

企业的盈余公积发生变化后，其结存数（即期末余额）只表现为企业所有者权益的组成部分，从而表明企业生产经营资金的一个来源。对于这笔资金来说，既可以表现为货币资金，也可以表现为实物资产，比如存货与固定资产等，并随同企业其他来源的资金进行循环周转。

企业的留存收益是什么

留存收益，也称为留存盈余，是公司在经营过程中创造的，但由于公司经营发展的需要或按有关规定等，没有分配给所有者而留存在公司的盈利。可以说，留存收益是企业从历年实现的利润中提取或留存于企业的内部积累，它来源于企业的生产经营活动所实现的净利润，包括企业的盈余公积和未分配利润两个部分。因此，留存收益包括但大于盈余公积的范畴。

其中，盈余公积便是我们前面说到的、有特定用途的累积盈余，未分配利润则是没有指定用途的累积盈余。在企业需要的情况下，留存收益可以作为企业有益的筹资途径，比如，企业在弥补亏损、增加资本等情况下，需要提取盈余公积的做法，便可以视为一种筹资的方式。

对于未分配利润，主要是指未限定用途的留存净利润，它包括两层含义，一是这部分净利润当年没有分配给公司的股东投资者；二是这部分净利润未指定用途，可以用于企业未来的经营发展、转增资本（实收资本）、弥补以前年度的经营亏损及以后年度的利润分配等。

在这里，对于上市公司而言，还有一个"库存股"的概念。所谓"库存股"，又称为"回收股"，是公司将自己已经发行的股票重新买回，存放于公司，而尚未注销或重新售出。一般情况下，公司买回库存股，可以减少市场上已发行股票的总数。在公司的资产负债表上，库存股不能列为公司资产，而是以负数形式列为一项股东权益。

基于此，企业出售库存股时所产生的收益或损失，不会引起公司损益的变化，只会引起股东权益的变化。当然，与普通发行的股票相比，库存股也具有自己的特点，包括：库存股必须是本公司自己已经发行的、而且

是没有办理注销的股票；库存股可以注销，也可以再次售出；库存股不分
享红利，没有股东投票权，库存股的总价值不能超过公司资本的5%。

一般来说，公司持有库存股，可能出于这样的原因：买下某些要退出
企业的股东的全部股票；经营活动的需要；为了吸引投资人，公司买回库
存股，可以减少股票的发行数量，从而有助于每股净收益上升，以保持公
司股票市值上升的形象；预防企业被吞并；利用持有库存股再根据市场行
情来再次发行，作为公司理财的重要方法；公司股东或外界人士向企业捐
赠的本公司股票等。

总之，在所有者权益变动表中，我们可以综合地看出股东权益有哪些
变化，是股东了解自己股权变化状况的重要渠道。

第六章

财务报表附注揭示
的"秘密"

在实际工作中，财务报表以表格的形式反映企业营运状况，显得一目了然，但毕竟有些数字背后的内容，难以在表格中完全呈现出来。在这种情况下，就需要用到附注来做进一步的解释。

因此，财务报表的附注便是对资产负债表、利润表、现金流量表和所有者权益变动表等报表中列示项目的文字描述或明细资料，以及对未能在这些报表中列示项目的说明。有了附注，便可以使报表使用者全面了解企业的财务状况、经营成果和现金流量。所以，财务报表的附注是对财务报表的必要解释，便于报表使用者做出更科学合理的决策。

基于此，我们可以知道，报表使用者在阅读报表时，需要将报表与附注结合起来，从而不仅看到数字，还能获悉数字背后的意义。那么，财务报表的附注中一般都包含了哪些内容呢？我们接下来以表格的形式呈现附注的内容（见表6-1）。

表6-1 财务报表的附注模板

序次	内容
1	不符合基本会计假设的说明。
2	重要会计政策和会计估计的说明，以及重大会计差错更正的说明。会计报表附注应披露的重要会计政策，例如： （1）编制会计合并报表所采纳的原则； （2）外币折算时所采用的方法； （3）收入的确认原则； （4）所得税的会计处理方法； （5）金融资产的分类； （6）存货的计价方法； （7）投资性房地产的判断标准；

序次	内容
3	或有事项的说明。
4	资产负债表日后事项的说明。
5	关联方关系及其交易的说明。
6	会计报表中重要项目的说明,主要有: (1)应收款项(不包括应收票据)及计提坏账准备的方法; (2)存货、金融资产核算的方法; (3)固定资产计价和折旧方法; (4)无形资产计价和摊销的方法; (5)长期待摊费用的摊销方法; (6)收入的分类及金额; (7)所得税的会计处理方法。
7	其他重大会计事项的说明: (1)企业合并、分立; (2)重要资产的转让或出售情况; (3)重大投资、融资活动; (4)合并会计报表的说明; (5)其他有助于理解和分析会计报表的事项。

我们接下来进一步了解财务报表的附注的相关情况,包括它具有什么样的积极作用,又存在什么样的局限性,使用者应该怎样更加有效地利用附注的信息,从而对报表所反映问题有更加清晰而全面的认识。

财务报表附注的一般特点

财务报表的附注的作用，我们具体可以从其所具备的一系列特性上来认识。总体上来说，附注具有这样的特点。

1. 附属性

顾名思义，既然是"附注"，那么必然是附属于各种报表的；如果没有报表，附注也就没有意义了。所以，财务报表与附注之间存在一种主次关系，其中，财务报表是根，附注则处于从属地位。若没有财务报表的存在，附注就失去了依靠，其功能也就无处发挥；而没有附注恰当的延伸、说明，财务报表的功能也难以有效地实现。因此，两者相辅相成，形成一个完善的有机整体。

2. 解释性

通过前面对财务报表的了解，我们可以知道，财务报表项目是被高度浓缩的会计信息；由于现实中经济业务的复杂性，以及企业在编制财务报表时可能选择了不同的会计政策，所以企业需要通过财务报表附注对财务报表的编制基础、编制依据、编制原则和方法及主要事项等进行解释，从而增加会计信息的可理解性，并使不同企业的会计信息的差异更具可比性，便于报表使用者进行对比分析。

3. 补充性

附注在对财务报表进行解释的同时，也拓展了报表信息的内容。在实际运用中，通过报表附注的文字说明，并辅以某些统计资料或定性信息，可以弥补财务信息的不足，从而能够全面反映企业面临的机会与风险，将企业价值充分体现出来，保证了信息的完整性，也有助于报表使用者做出最佳的决策。

4. 建设性

财务报表附注除了解释和补充说明财务报表内容以外，还要对报表的内容加以分析、评价，并有针对性地提出一些改进工作的建议、措施。比如说，附注中通过对市场占有率、投入产出比等信息的描述，有助于企业管理者了解本企业在同行中的地位，发现自己的优势与不足，从而采取措施改善管理，提升企业效益。另外，企业在附注中通过自愿披露企业在安排就业、员工培训、社区服务、环境治理等方面的信息，有助于树立企业的良好形象，促进企业健康发展。

5. 重要性

通过上面的阐述，我们可以知道，财务报表附注的确很重要，它的重要性具体表现为以下几个方面。

（1）提高会计信息的相关性和可靠性。在会计信息中，相关性和可靠性是两个基本质量特征。然而，由于财务会计本身的局限，相关性和可靠性难以在报表中尽显；所以，财务报表附注披露可以在不降低会计信息可靠性的前提下提高信息的相关性，比如增加对企业所处行业与市场环境的介绍与分析等，揭示财务数据之间的相互影响与相关性，有助于报表使用者理性认识报表信息。

（2）增强不同行业和行业内部不同企业之间信息的可比性。在实际工作中，会计信息通常由多种因素综合促成，再加上经济环境的不确定性、不同行业的不同特点，以及各个企业前后各期情况的变化，这都会削弱不同企业之间会计信息的可比性，以及企业前后各期会计信息的一贯性。因此，财务报表附注便可以通过披露企业的会计政策和会计估计的变更等情况，向投资者传递相关信息，使投资者能够"看透"会计方法的实质，并不被会计方法所误导。

（3）与财务报表主表的不可分割性。财务报表主表与财务报表附注的关系可以概括为：主表是根，附注是补充。财务报表更多的是通过数字进行定量呈现，而附注则可以通过定性的方法进行补充与解释，从而使报表要反映的信息更为健全。

6. 必要性

由于报表使用者需要附注的解释、补充以及建设性意见，这都凸显了附注的重要性。基于此，附注在财务报表体系中是很有必要的，或者说是不可或缺的。因为财务报表这些会计信息应该全面而充分地反映企业的财务状况、经营成果及现金流量，不得有意忽略或隐瞒重要的财务数据，从而避免使用者对报表信息产生误解。这便是会计报表信息中的充分披露原则。

然而，作为会计信息的使用者，企业内外对信息的不对称性，这就使得报表使用者要想对企业财务信息有全面的了解，除了查看报表数字以外，还需要相关资料的辅助。因此，报表使用者若要充分了解财务信息，就需要从横向来看，要获悉反映企业生产经营全貌的信息；从纵向来看，不仅要看到表露在外的数字，更需要懂得这些数字背后的真实含义。所以，财务报表之后，附注便不可或缺。

此外，为了使财务信息需求方获悉预期尽可能多的信息，会使报表在信息披露方面承担较大的压力。因为报表中罗列的数字越多，便越会加重财务报表使用者的阅读压力，对于报表制作者也造成了很大的压力。在这种情况下，必要的附注文字，显然有助于丰富报表的信息，同时，还增强了财务报告体系的灵活性，使得报表阅读者既可以看到数字，还能看到文字性阐述，有利于完整反映企业生产经营的全貌。

不仅如此，财务报表毕竟属于企业财务报告体系的有机组成部分，如果是纯粹的表格数据，显然会削弱财务报告的阅读性。所以，借助财务报表附注形式，有利于增加报表的信息量，也便于人们正常阅读和接受。基于此，我们可知，财务报表的附注，对财务报表而言也是非常有必要的。

财务报表附注的局限性

我们已经知道，附注对财务报表有重要的作用，对完整呈现财务报表信息也是非常有必要的。然而，财务报表附注在具体使用中，也存在一些局限性，若不能有效规避，甚至会对报表使用者产生误导的负面影响。所以，我们接下来看财务报表附注有哪些局限性，以及怎样规避这些局限性。

1. 会计处理方法及分析方法对报表可比性的影响

在会计核算上，采用不同的处理方法，产生的数据也会有所差别。举例来说，我们在对固定资产折旧额进行计算时，采用直线折旧法或加速折旧法，计算出的折旧费用会不同；企业在进行长期投资时，选择采用成本法或权益法，所确认的投资收益也会不一样。因此，我们在读财务报表的附注时，一定要了解企业是采用什么样的会计处理方法来核算的，还要了解这些方法以后有无变更。

另外，在对财务报表中的指标进行分析时，要了解这些指标的计算方法，比如应收账款周转率、存货周转率等，这些数据一般用年初数与年末数进行平均；可在实际分析中，对一些淡旺季明显的企业，我们还要考虑其计算时间，假如会计统计的期初与期末均是经营旺季，那么平均数可能过大；若会计统计的期初与期末均是经营淡季，平均数可能又过小。因此，在附注中，一定要查看报表信息的细节。

2. 通货膨胀的影响

财务报表中，数据一般是按照历史成本原则生成的。假如在通货膨胀时期，相关数据受到物价变动的影响，可能难以真实反映企业的财务状况和经营成果，并引起报表使用者的误解。比如说，企业以前以600万元购买的固定资产，现在的重置成本可能变为800万元，但账面上反映的仍是600万元；这时，我们若不知道该项资产是哪年购买的，那么仅靠这个数据，便难以真正理解这家企业的生产规模。所以，我们在阅读财务报表的附注时，还应该看到里面是否考虑了通货膨胀的因素。

3. 信息的时效性问题

财务报表中的数据，一般是企业在过去经营中形成的。而财务报表的附注，一般是根据这些数据做出的相关分析与预测；假如这里面有些数据的时效性已经大大减弱，那么，由这些数据所得出的分析结果，势必也会大打折扣。因此，我们在读附注时，要看到那些所分析的数据是否还具备时效性。

4. 报表数据信息量的限制

报表本身的原因，致使报表中的数据是有限的。这样的话，附注中所补充的信息，其数据来源有可能是报表以外，在这时，我们要了解这些数据来源是否真实可靠。

有的时候，为了避免财务报表附注的局限性，报表使用者还需要参考阅读注册会计师"审计报告"的意见，从而对企业报表数据是否真实、可靠、可验证等方面进行评价。

怎样读懂财务报表附注

财务报表附注作为财务报表有机组成的一部分，它对财务报表的分析可以归纳为三个方面，即财务状况分析、盈利能力分析和资产管理效率分析。

可以说，要读懂财务报表附注，实则是了解这三个方面的状况。我们接下来看怎样在财务报表附注中，了解企业的这三个方面。

1. 财务状况分析

我们要了解一家企业的财务状况，主要是分析企业在财务弹性上的应对能力，比如说，企业面临突发事件而急需现金，那么，企业财务状况是否能够从容面对与解决？在市场经济下，企业几乎无时不在处于一种变动着的经济环境中，也会面临越来越多的突发状况，在这种情况下，需要企业具备较好的财务弹性。我们在阅读财务报表的附注时，便可以通过这样几个方面来了解该企业的财务状况。

（1）是否使用了银行贷款指标？假如企业尚未使用银行贷款指标，那么，当企业遇到突发事件时，资金来源渠道要相对稳定些，也就是说，企业的筹资渠道比较有保障，起码可以从银行贷到款项；如果企业已经使用了银行贷款指标，我们就要查看它在其他方面的变现能力。

（2）能够迅速转化为现金的长期资产的有关状况，可用非经营性资产所占的比重。假如企业可以变现的资产比较充足，那么，企业财务状况显然会好些，应对现金紧缺的能力也会比较强。

（3）企业的长期债务状况。如果企业的负债比较沉重，那么，就会影响企业对现有资产的支配。所以，企业的负债应该合理。

2. 盈利能力分析

很多人在阅读财务报表的附注时，重点了解的便是企业的盈利能力，以及对企业未来盈利的判断。所以，报表使用者在阅读财务报表的附注时，应该准确了解企业经营活动的性质、经营活动的财务影响，从而认清企业发展的趋势；通过了解企业的未来发展计划，了解企业生产经营的总目标、影响企业目标的内外部因素和为实现总目标可采取的措施及可能的风险。

3. 资产管理效率分析

我们在看财务报表时，会从报表上看到很多数字，如果单纯看这些数字，可能难以形成系统的认识，当我们再结合财务报表的附注来看时，就会对企业各项资产管理效率高低的内外原因有个比较清晰的认识，也便于报表使用者预测企业未来的资产管理状况。

财务报表附注举例

桃花岛有限公司会计报表附注
2014年2月14日　　（单位：人民币·元）

一、公司简介

桃花岛有限公司系经SH市工商行政管理局批准，于2001年11月17日取得注册号（××××）的企业法人营业执照。本单位注册资本××万元，法人代表黄药师。本公司经营场所：桃花岛。本公司经营范围：武术培训，以及跌打药材生产。

二、不符合会计核算前提的说明

本公司不符合会计核算前提的情况有："……"。

三、主要会计政策、会计估计的说明

1. 会计制度

本公司执行企业会计准则及其补充规定。

2. 会计年度

本公司会计年度自公历1月1日起至12月31日止。

3. 记账本位币

本公司以人民币为记账本位币。

4. 记账原则和计价基础

本公司以"权责发生制"为记账原则，以"历史成本"为计价基础。

5. 外币业务的核算方法及折算方法

本公司对发生的外币经济业务，采用业务发生时当月月初中国人民

银行公布的市场汇率（中间价）折合为记账本位币记账，年末按市场汇率
（中间价）对外币账户余额进行调整，按年末市场汇率（中间价）折合的
记账本位币金额与账面记账本位币金额之间的差额作为汇兑损益处理。

其中属筹建期间发生的汇兑损益计入长期待摊费用；属购建固定资产
发生的汇兑损益，在固定资产达到预定可使用状态前计入各项在建工程成
本；除上述情况以外发生的汇兑损益计入当期财务费用。

6. 现金及现金等价物的确定标准

（1）现金为本公司库存现金以及可以随时用于支付的存款；

（2）现金等价物为本公司持有的期限短（一般为从购买日起，三个月到
期）、流动性强、易于转换为已知金额的现金、价值变动风险很小的投资。

7. 应收款项

（1）坏账的确认标准：本公司对债务人破产或死亡，以其破产时的财产
或遗产清偿后，仍然不能收回的应收款项；或因债务人逾期未履行其清偿责
任，且具有明显特征表明无法收回时经公司管理当局批准确认为坏账损失。

（2）坏账损失的核算方法及坏账准备的计提方法和计提比例：本公司
采用备抵法核算坏账损失，账龄1年以内不计提坏账准备；账龄1—3年计提
比例10%；账龄3—5年计提比例50%；账龄5年以上计提比例100%；对于
有证据证明确实无法收回的应收款项，采用个别认定法计提坏账准备。

8. 存货

（1）存货的分类：本公司存货主要包括原材料、库存商品和在产品。

（2）存货的核算方法：原材料、库存商品均采用实际成本法核算；发
出时采用月末一次加权平均法。

（3）存货跌价准备的计提方法：采用成本与可变现净值孰低法计价并
计提跌价准备。

9. 长期股权投资

（1）长期股权投资的核算方法：

A. 公司对子公司的长期股权投资采用成本法核算；投资收益于被投资

单位宣告派发现金股利时确认，该现金股利超出投资日以后累计未分配利润的部分作为投资成本收回。

B. 公司对被投资单位具有共同控制或重大影响的（通常指占被投资单位有表决权资本总额20%或20%以上，或虽不足20%但有重大影响），采用权益法核算；采用权益法核算时，长期股权投资的初始投资成本大于应享有被投资单位所有者权益份额之间的差额，不调整长期股权投资的账面价值，长期股权投资的初始投资成本小于应享有被投资单位所有者权益份额之间的差额，确认为当期损益。

（2）长期股权投资减值准备：市价持续下跌或被投资单位经营状况恶化等原因导致其可收回金额低于账面价值的，本公司根据实际情况做出估计后按可收回金额低于长期股权投资账面价值的差额，提取长期股权投资减值准备，并计入当期损益。已提取的长期股权投资减值准备不得转回。

10. 固定资产

（1）固定资产标准：本公司的固定资产是指使用期限超过一年，为生产商品、提供劳务、出租或经营管理而持有的单位价值较高的有形资产。

（2）固定资产计价：固定资产以取得时的实际成本为原价入账。

（3）固定资产折旧政策：以年限平均法分类计提折旧。

固定资产在不考虑减值准备的情况下，固定资产的类别、估计的经济使用年限和预计的净残值分别确定折旧年限和年折旧率如下（见表6-2）。

表6-2 固定资产折旧相关内容

固定资产类别	预计净残值%	预计使用寿命	年折旧率%
房屋及建筑物			
机器设备			
运输设备			
办公设备			
办公家具			
物流设备			
工具仪器			

（4）固定资产减值准备的计提方法：期末对固定资产逐项进行检查，如果市价持续下跌、技术陈旧、损坏或长期闲置等原因，导致其可收回金额低于账面价值的差额，提取固定资产减值准备。根据对固定资产的使用情况、技术状况以及为公司带来未来经济利益的情况进行分析，如果固定资产实质上已经发生了减值，则按照估计减值计提减值准备。对存在下列情况之一的固定资产，全额计提减值准备：

A. 长期闲置不用，在可预见的未来不会再使用，且已无转让价值的；

B. 由于技术进步原因，已不可使用的固定资产；

C. 虽可使用，但使用后产生大量不合格品的；

D. 已遭毁损，不再具有使用价值和转让价值；

E. 其他实质上不能再给企业带来经济利益的固定资产。

对于已全额计提减值准备的固定资产，不再计提折旧。

11. 在建工程

本公司的在建工程按工程项目分别核算，以实际发生的全部支出入账，并在工程达到预定可使用状态时，按工程全部成本结转固定资产。为购建固定资产而借入的专门借款所发生的利息、折价或溢价的摊销、汇兑差额在为达到预定可使用状态所必要的购建活动开始后至所购建的固定资产达到预定可使用状态所发生的对应资产支出部分计入所购建固定资产的成本，其余部分及所购建的固定资产达到预定可使用状态后计入当期损益。

在建工程减值准备计提方法：公司于期末对在建工程进行全面检查，如果有证据表明在建工程已经发生了减值，则提取在建工程减值准备。

12. 无形资产

本公司的无形资产是指为生产商品、提供劳务、出租或经营管理而持有的没有实物形态的非货币性长期资产。包括专利权、非专利权、商标权、著作权、土地使用权。

无形资产按取得时的实际成本入账。

无形资产从开始使用之日起，在有效使用期限内平均摊入管理费用。

无形资产的有效使用期限按照下列原则确定。

法律和合同分别规定有法定有效期限和受益年限的，按照法定有效期限与合同规定的受益年限孰短的原则确定。

法律没有规定有效期限，企业合同中规定有受益年限的，按照合同规定的受益年限确定。

法律和合同均未规定法定有效期限或者受益年限的，按照不超过10年的期限确定。

无形资产减值准备的计提：年末本公司对无形资产按账面价值与可收回金额孰低计量，按单项资产预计可收回金额低于其账面价值的差额，分项提取无形资产减值准备，并计入当期损益。

13. 长期待摊费用

本公司的长期待摊费用是指已经支出、但将于正常生产经营后摊销或摊销期超过一年的各项费用，主要包括租入固定资产装修费用。长期待摊费用均在各项目的预计受益期间内平均摊销，计入各摊销期的损益。

14. 借款费用

本公司借款费用指因借款而发生的利息、折价或溢价的摊销和辅助费用，以及因外币借款而发生的汇兑差额。除为购建固定资产和需要经过相当长时间的生产才能达到销售状态的存货而借入的专门借款和一般借款所发生的借款费用外，其他借款费用均应于发生当期确认为费用，直接计入当期财务费用。

15. 收入确认原则

本公司的商品销售在商品所有权上的主要风险和报酬已转移给买方，本公司不再对该商品实施继续管理权和实际控制权，与交易相关的经济利益很可能流入企业，并且与销售该商品相关的收入和成本能够可靠地计量时，确认营业收入的实现。

本公司提供的劳务在同一会计年度开始并完成的，在劳务已经提供，收到价款或取得收取价款的证据时，确认营业收入的实现；劳务的开始和完成分属不同会计年度的，在劳务合同的总收入、劳务的完成程度能够可靠地确定，与交易相关的价款能够流入，已经发生的成本和为完成劳务将要发生的成本能够可靠地计量时，按完工百分比法确认营业收入的实现；长期合同工程在合同结果已经能够合理地预见时，按结账时已完成工程进度的百分比法确认营业收入的实现。

本公司让渡资产使用权取得的利息收入和使用费收入，在与交易相关的经济利益能够流入企业，且收入的金额能够可靠地计量时，确认收入的实现。

16. 所得税的会计处理方法

本公司所得税的会计核算采用资产负债表债务法，比较各项资产、负债的账面价值和计税基础的差异，分别应纳税暂时性差异和可抵减暂时性差异按照未来差异转回时的适用税率确认递延所得税负债和递延所得税资产，同时确认递延所得税费用。按照税法规定应缴所得税作为当期所得税费用，递延所得税费用和当期所得税费用共同构成利润表上的所得税费用。

本公司所得税分季预缴，在年终汇算清缴时，少缴的所得税税额，在下一年度内缴纳；多缴纳的所得税税额，在下一年度内抵缴。

四、主要税项

本公司使用的主要税种及税率列示如下（见表6-3）。

表6-3 公司使用的主要税种及税率列示

税项	计税基础	税率

五、会计报表项目注释

1. 货币资金

货币资金的列示如下（见表6-4）。

表6-4 货币资金列示

项目	年初余额	年末余额
现金		
银行存款		
合计		

2. 应收票据

应收票据的列示如下（见表6-5）。

表6-5 应收票据列示

票据种类	年末余额	年初余额
银行承兑汇票		
商业承兑汇票		
合计		

3. 应收账款

（1）应收账款年初、年末余额的列示如下（见表6-6）。

表6-6 应收账款年初、年末余额列示

账龄	年末余额		年初余额	
	金额	比例	金额	比例
1年以内				
1—3年				
3—5年				
5年以上				
合计				

（2）应收账款前五名的列示如下（见表6-7）。

表6-7 应收账款前五名列示

次序	单位名称	金额	备注
1			
2			
3			
4			
5			
合计			

4. 预付账款

（1）预付账款年初、年末余额的列示如下（见表6-8）。

表6-8 预付账款年初、年末余额列示

账龄	年末余额		年初余额	
	金额	比例	金额	比例
1年以内				
1—3年				
3—5年				
5年以上				
合计				

（2）预付账款前五名的列示如下（见表6-9）。

表6-9 预付款前五名列示

次序	单位名称	金额	备注
1			
2			
3			
4			

续表

次序	单位名称	金额	备注
5			
合计			

5. 其他应收款

（1）其他应收款年初、年末余额的列示如下（见表6-10）。

表6-10 其他应收款年初、年末余额列示

账龄	年末余额		年初余额	
	金额	比例	金额	比例
1年以内				
1—3年				
3—5年				
5年以上				
合计				

（2）其他应收款前五名的列示如下（见表6-11）。

表6-11 其他应收款前五名列示

次序	单位名称	金额	备注
1			
2			
3			
4			
5			
合计			

6. 存货

存货的列示如下（见表6–12）。

表6-12 存货的列示

项目	年初余额	本年增加额	本年减少额	年末余额
原材料				
库存商品				
生产成本				
合计				

7. 固定资产

固定资产的列示如下（见表6–13）。

表6-13 固定资产列示

项目	年初余额	本年加额	本年减少额	年末余额
一、原价合计				
其中：机器计备				
办公设备				
运输设备				
物流设备				
工具仪器				
房屋建筑物				
二、累计折旧合计				
其中：机器设备				
办公设备				
运输设备				
物流设备				
工具仪器				
房屋建筑物				

8. 无形资产

无形资产的列示如下（见表6-14）。

表6-14 无形资产列示

次序	项目名称	原始入账价值	期初账面价值	本期增加金额	本期减少金额	本期摊销金额	期末账面价值
1							
2							
3							
4							
5							
合计							

9. 应付账款

（1）应付账款年初、年末余额的列示如下（见表6-15）。

表6-15 应付账款年初、年末余额列示

账龄	年末余额		年初余额	
	金额	比例	金额	比例
1年以内				
1—3年				
3—5年				
5年以上				
合计				

（2）应付账款前五名的列示如下（见表6-16）。

表6-16 应付账款前五名列示

次序	单位名称	金额	备注
1			

次序	单位名称	金额	备注
2			
3			
4			
5			
合计			

10. 预收账款

（1）预收账款年初、年末余额的列示如下（见表6-17）。

表6-17 预收账款年初、年末余额列示

账龄	年末余额		年初余额	
	金额	比例	金额	比例
1年以内				
1—3年				
3—5年				
5年以上				
合计				

（2）预收账款前五名的列示如下（见表6-18）。

表6-18 预收账款前五名的列示

次序	单位名称	金额	备注
1			
2			
3			
4			
5			
合计			

11. 应交税费

应交税费的列示如下（见表6-19）。

表6-19 应交税费列示

次序	项目名称	适用税率	年初余额	年末余额
1				
2				
3				
4				
5				
合计				

12. 其他应付款

（1）其他应付款年初、年末余额的列示如下（见表6-20）。

表6-20 其他应付款列示

账龄	年末余额		年初余额	
	金额	比例	金额	比例
1年以内				
1—3年				
3—5年				
5年以上				
合计				

（2）其他应付款前五名的列示如下（见表6-21）。

表6-21 其他应付款前五名列示

次序	单位名称	金额	备注
1			
2			

续表

次序	单位名称	金额	备注
3			
4			
5			
合计			

13. 实收资本

实收资本的列示如下（见表6-22）。

表6-22 实收资本列示

次序	投资者名称	年末余额		本年增加额	本年减少额	年初余额	
		投资金额	所占比例%			投资金额	所占比例%
1							
2							
3							
4							
5							
合计							

14. 未分配利润

未分配利润的列示如下（见表6-23）。

表6-23 未分配利润列示

项目	金额
上年末余额	
加：本年初未分配利润调整数	
其中：会计政策变更	
前期会计差错更正	
调整后本年初余额	
本年增加数	
其中：本年净利润转入	

项目	金额
本年减少数	
提取法定盈余公积	
提取任意盈余公积	
提取一般风险准备	
应付普通股股利	
转作股本的普通股股利	
其他减少	
本年末余额	

15. 营业收入、营业成本

营业收入、营业成本的列示如下（见表6-24）。

表6-24 营业收入、营业成本列示

项目	上年度	本年度
营业收入		
营业成本		

16. 销售费用

销售费用的列示如下（见表6-25）。

表6-25 销售费用列示

次序	项目名称	上年数	本年数
1			
2			
3			
4			
5			
合计			

17. 管理费用

管理费用的列示如下（见表6-26）。

表6-26 公司管理费用列示

次序	项目名称	上年数	本年数
1			
2			
3			
4			
5			
合计			

18. 财务费用

财务费用的列示如下（见表6-27）。

表6-27 公司财务费用列示

次序	项目名称	上年数	本年数
1			
2			
3			
4			
5			
合计			

19. 营业外支出

营业外支出的列示如下（见表6-28）。

表6-28 营业外支出列示

次序	项目名称	上年数	本年数
1. 赔偿金			

续表

次序	项目名称	上年数	本年数
2. 固定资产处置损失			
3. 无形资产出售损失			
4. 滞纳金、罚款支出			
5. 违约金			
6. 捐赠			
7. 其他			
合计			

六、或有事项的说明

本公司无须披露的或有事项。

七、资产负债表日后事项

本公司无须说明的资产负债表日后事项。

八、其他需要说明重要事项

本公司无其他需要说明的重要事项。

桃花岛有限公司

2014年2月14日

中篇 财务报表基本分析篇

　　我们看一个企业的财务报表，是为了形成对一个企业比较客观而正确的认识。比如说，通过看财务报表，我们才能知道这家企业的盈利能力是否足够强，它的运营效率是否高、竞争力是否比较强，它未来的发展潜力如何，偿债能力是否强。

　　当我们将上述问题弄明白后，可谓对一个企业有了比较清晰的认识。所以，财务报表分析，实则通过收集、整理企业财务会计报表中的有关数据，并结合其他有关补充信息，对企业的财务状况、经营成果和现金流量情况进行综合比较与评价，为财务报表使用者提供管理决策和控制依据，从而揭示企业未来的报酬和风险，检查企业预算的完成情况，考核经营管理人员的业绩，为建立健全合理的激励机制提供帮助。

　　对财务报表进行分析，需要遵循一定的原则，比如，目的明确原则；实事求是原则；全面与系统分析的原则；动态分析的原则；定量与定性分析相结合的原则；成本效益原则。

在遵循这些原则的基础上，我们通常按照下述步骤去进行财务报表分析。

（1）首先要明确进行财务报表分析的目的，比如说，通过进行分析，想了解企业的哪些状况，是盈利能力，营运能力还是偿债能力？等等。

（2）设计分析程序。也就是说，我们按照什么样的程序进行分析？是否要通读财务报表以后，再做出相应的分析？假如进行财务报表分析时，要由多个人协同完成，那么，这些人之间要怎样协作？等等。

（3）为了尽可能获得客观的分析结果，我们都需要收集哪些信息？一定要确保信息来源可靠而充足。

（4）将整体分为各个部分。一般情况下，要获得一定的分析性认识，常需要面临众多待分析的项目，比如说，我们在分析企业的盈利能力时，可能需要了解企业的营业毛利率、营业净利率等指标，在具体划分时，我们应该怎样进行划分等，这也是我们需要考虑的问题。

（5）研究各个部分的特殊本质。在把整体划分为各个部分后，那么这些部分的本质是什么？比如说，我们要掌握企业营业毛利率的信息，那么，营业毛利率究竟反映出企业怎样的状况？

（6）研究各个部分之间的联系。我们进行财务报表分析，在分析过程中，似乎在不同的步骤，仅是研究不同的指标。但最终，我们要将这些指标整合起来，根据它们之间的内在联系，从而得出它们所要反映出的结果。

（7）得出分析结论。在完成上述步骤后，紧接着，便是得出我们的分析结论，也就是该企业的赚钱能力，或称为盈利能力怎样？企业的运营效率是否高？……在对企业有了这样明确的认识后，显然会对我们的管理、投资等很多工作都会有重要的参考意义。

接下来，我们就通过对财务报表的分析，来逐个认识企业的重要指标，从而形成对该企业的整体认识。

第七章

快速分析企业的盈利能力

企业的盈利能力，是指企业获取利润的能力，也称为企业的资金或资本增值能力。我们判断一家企业是否"赚钱"，主要便是看它的盈利能力如何，通常来说，企业的盈利能力表现为一定时期内企业收益数额的多少及其水平的高低。

从指标构成体系上来看，盈利能力的指标主要包括营业毛利率、营业利润率、营业净利率、总资产报酬率与净资产收益率。我们接下来以表格的形式呈现出盈利能力的指标体系（见表7-1）。

表7-1 企业盈利能力关键指标体系

指标	概念	公式	相关报表
营业毛利率	反映企业每一元营业收入中含有多少毛利额，可以判断企业的成本是否控制得当	$营业毛利率 = \dfrac{营业毛利}{营业收入} \times 100\%$	利润表
营业利润率	反映企业在不考虑非营业成本的情况下，企业管理者通过主营业务获取利润的能力	$营业利润率 = \dfrac{营业利润}{营业收入} \times 100\%$	利润表
营业净利率	反映企业每收入一元钱能净赚多少钱，可以判断企业在盈利方面的竞争力	$营业净利率 = \dfrac{税后净利}{营业收入} \times 100\%$	利润表

续表

指标	概念	公式	相关报表
总资产报酬率	反映企业在资产利用方面的效率，可以在很大程度上反映企业经营管理水平	$总资产报酬率 = \dfrac{息税前利润}{平均资产总额} \times 100\%$	利润表，资产负债表
净资产收益率	反映股东权益的收益水平，用以衡量公司运用自有资本的效率	$净资产收益率 = \dfrac{税后净利}{平均净资产} \times 100\%$	利润表，资产负债表

除了上述表格中的指标外，我们对于一些上市公司，还常采用每股收益、每股股利、市盈率、每股净资产等指标来评价其获利能力。接下来，我们主要针对反映企业盈利能力的各项关键指标进行分析。

企业的营业毛利率怎么计算

在利润表中，营业收入扣除营业成本，所得到的便是营业毛利；再将营业毛利除以营业收入，所得到的比率就是营业毛利率。所以，我们在阅读利润表时，要得到营业毛利率这个指标，可以用下面的公式：

$$营业毛利率 = \frac{营业毛利}{营业收入} \times 100\%$$

营业收入等于主营业务收入和其他业务收入之和。营业成本，又称为经营成本，是企业为获取营业收入而付出的各种成本。我们接下来看一个案例：

敬华公司在2013年的营业毛利为500万元，营业收入为2,500万元，那么该公司的营业毛利率为：

$$\frac{500（万元）}{2,500（万元）} \times 100\% = 20\%$$

也就是说，敬华公司的营业毛利率为20%。如果我们用这个比率与该公司所处的行业内其他公司相比，这个比率要是高于行业平均水平，就意味着该公司在经营中，成本控制得当，获利能力较强；假如这个比率低于行业平均水平，则说明该公司在经营中，成本控制不够好，获利能力有待于进一步提高。

此外，我们还可以对一家企业的营业毛利率进行不同时间维度的纵向对比，举例来说（见表7-2及图）。

表7-2 祥帆公司2012—2013年度利润

编制单位：祥帆公司　　　　　　　　2014年2月6日　　　　　　　　单位：万元

项目	2012年度		2013年度	
	金额	占比	金额	占比
营业收入	190.00	100.00%	223.00	100.00%
营业成本	140.00	73.68%	160.00	71.75%
营业毛利	50.00	26.32%	63.00	28.25%

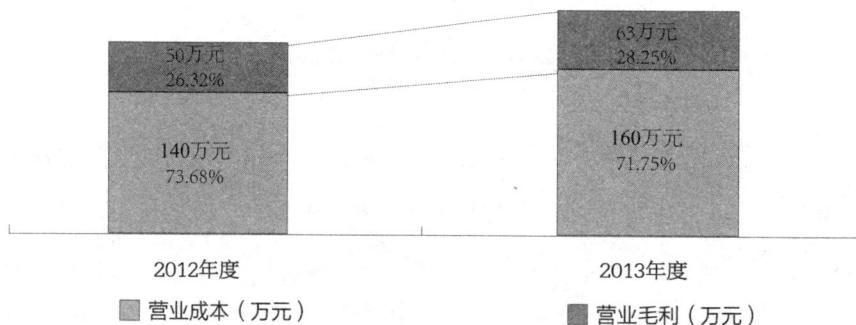

通过表7-2及图可知，祥帆公司2013年度相较于2012年度来说，营业成本与营业毛利均有小幅上涨（见图中的趋势线），总体来说，该公司的营业收入出现了增长。所以，祥帆公司的收入总额（图中每个"柱"的整体）与毛利盈利能力（毛利率）均有进步。一般来说，企业出现这样的营业额与盈利能力均获得增加，一方面与企业管理者的有效领导是分不开的，包括扩大销售、促使成本管理科学化；另一方面，也可能与外部环境有些联系，包括外部形势整体看好等。

我们接下来还可以对不同企业、同一期间的营业毛利率进行比较（见表7-3及图）。

表7-3 三家公司营业毛利率比较

项目	A公司	B公司	C公司
营业毛利率（%）	23.00	28.00	35.00

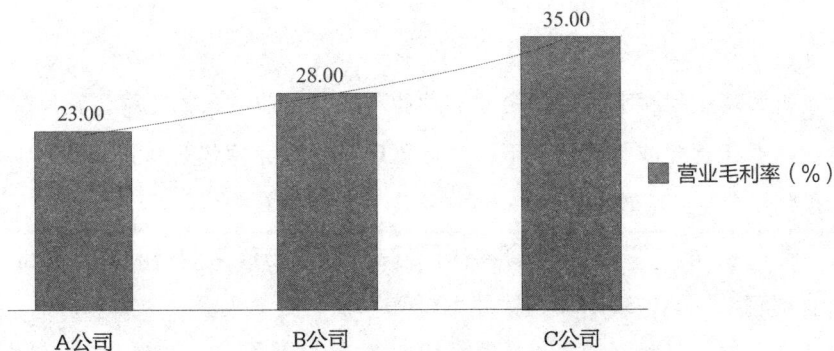

通过表7-3及图可以看出，假如A、B、C三个公司属于同行业，那么，C公司的营业毛利率最高，A公司的营业毛利率则最低。由于毛利率是利润率乃至净利率的基础，因此，C公司在盈利表现上会有比较好的基础。

所以，我们在看到利润表时，迅速掌握一家企业的营业毛利率情况，包括既看收入的绝对数，也看占比的相对水平，便可以对企业营业能力有个宏观的了解，并为我们接下来进行精细化的分析奠定基础。

营业利润率的计算方法

所谓营业利润率，是指企业的营业利润与营业收入的比率。它反映了企业在考虑营业成本的情况下，企业管理者通过经营获取利润的能力，因而是判断企业经营效率的一个重要指标。

营业利润相当于企业在缴纳所得税前获取的日常业务利润。企业的营业利润率越高，表明其赚钱能力越强。我们接下来看一个案例。

某公司2013年度的营业利润为400万元，营业收入为1,500万元，那么该公司的营业利润率为：

$$\frac{400（万元）}{1,500（万元）} \times 100\% \approx 26\%$$

我们如果拿这个利润率与同行业的其他公司相比，假如该利润率高于行业内的平均水平，则说明该公司盈利能力要高于行业内的平均水平，同时也可以说明该公司的成本控制、运营管理比较好，由于企业的盈业利润率高于行业内平均水平，也可以看出该公司的竞争力较强。

我们接下来再举例描述营业利润率（见表7-4）。

表7-4 北方公司2012—2013年度利润

编制单位：北方公司　　　　　2014年1月10日　　　　　单位：万元

项目	2012 年度 金额	2013 年度 金额	2013 年度 增减额	2013 年度 增减率
一、营业收入	130.00	200.00	70.00	53.85%

续表

项目	2012 年度	2013 年度	2013 年度	2013 年度
	金额	金额	增减额	增减率
减：营业成本	60.00	90.00	30.00	50.00%
税金及附加	0.77	1.18	0.41	53.85%
销售费用	15.00	20.00	5.00	33.33%
管理费用	15.00	18.00	3.00	20.00%
财务费用	10.00	11.00	1.00	10.00%
加：其他收益	10.00	9.00	−1.00	−10.00%
减：资产减值损失	9.00	7.00	−2.00	−22.22%
二、营业利润	30.23	61.82	31.59	104.50%
营业利润率	23.26%	30.91%	7.65%	32.89%
加：营业外收入	10.00	14.00	4.00	40.00%
减：营业外支出	3.00	4.00	1.00	33.33%
三、利润总额	37.23	71.82	34.59	92.91%
减：所得税	9.31	17.95	8.65	92.91%
四、净利润	27.92	53.87	25.94	92.91%
营业净利率	21.48%	26.93%	5.45%	25.38%
利息费用	6.00	8.40	2.40	40.00%

通过表7-4可知，从营业利润上来看，北方公司2013年度比2012年度增加31.59万元，比2012年度增加一倍还多；从营业利润率上来看，该公司利润率从23.26%增长到30.91%。因此，该公司盈利能力显著增强。

企业的营业净利率分析

我们前面所述的营业利润率，主要是指企业日常活动的盈利能力，而在营业净利率中，净利润则是既包括了日常活动，也包括了非日常活动利润，并且是利润中扣除了所得税的部分。

因此，营业净利率便等于税后净利润除以企业的营业收入。这意味着，企业每收入一元钱，能够净赚多少钱；在看营业净利率这个指标时，可以与毛利率做一下比较，如果两者越接近，说明企业在期间的支出费用越低，反映出企业的经营效率越高。

我们不妨举个案例，某公司在2013年度的税后净利润为300万元，营业收入为1,300万元，则该公司的营业净利率为：

$$\frac{300（万元）}{1,300（万元）} \times 100\% \approx 23.08\%$$

于是，我们可以知道，该公司的营业净利率为23.08%，意味着这家公司每100元的营业收入中，可以有23.08元的净利润，这笔利润已经扣除各项成本以及税费，可以说完全归企业支配。因此，对企业而言，净利润、营业净利率最具有实际意义。

我们若把这个营业净利率与行业内其他公司的营业净利率进行比较，如果发现这个营业净利率高于行业平均水平，就可以判断出这家公司在行业内盈利能力很强，对于成本管控也比较好；假如该营业净利率低于行业的平均水平，则说明企业在过去会计核算年度内，盈利能力还有待于进一步增强。

接下来，我们不妨仍沿用上面北方公司的案例来阐述企业的营业净利率（见表7-5）。

表7-5 北方公司2012—2013年度利润

编制单位：北方公司   单位：万元

项目	2012 年度	2013 年度	2013 年度	2013 年度
	金额	金额	增减额	增减率
一、营业收入	130.00	200.00	70.00	53.85%
减：营业成本	60.00	90.00	30.00	50.00%
税金及附加	0.77	1.18	0.41	53.85%
销售费用	15.00	20.00	5.00	33.33%
管理费用	15.00	18.00	3.00	20.00%
财务费用	10.00	11.00	1.00	10.00%
加：其他收益	10.00	9.00	−1.00	−10.00%
减：资产减值损失	9.00	7.00	−2.00	−22.22%
二、营业利润	30.23	61.82	31.59	104.50%
营业利润率	23.26%	30.91%	7.65%	32.89%
加：营业外收入	10.00	14.00	4.00	40.00%
减：营业外支出	3.00	4.00	1.00	33.33%
三、利润总额	37.23	71.82	34.59	92.91%
减：所得税	9.31	17.95	8.65	92.91%
四、净利润	27.92	53.87	25.94	92.91%
营业净利率	21.48%	26.93%	5.45%	25.38%
利息费用	6.00	8.40	2.40	40.00%

通过观察表7-5可知，从净利润上来看，北方公司2013年度比2012年度增加25.94万元，增加将近一倍；从营业净利率上来看，该公司不仅收入与利润总额猛增，而且营业净利率也有进一步提升，可见，北方公司营业收入增长的同时，在企业管理方面也有显著改善。这也可以进一步说明，营业毛利对营业净利润有重要影响，毛利率对营业净利率也有重要影响，而且前者是后者的基础。

总资产报酬率分析

总资产报酬率，也称为投资盈利率，是指企业在一定时期内息税前利润与平均资产总额的比率。

通过了解企业的总资产报酬率，我们可以知道一家企业运用全部资产的总体获利能力。所以，它是评价企业资产运营效益的重要指标。在计算总资产报酬率时，我们需要用上这样两个公式：

$$① \ 平均资产总额 = \frac{年初资产总额 + 年底资产总额}{2}$$

$$② \ 总资产报酬率 = \frac{利润总额 + 利息费用}{平均资产总额} \times 100\%$$

公式②中的"利息费用"，也称为利息支出，是企业在生产经营过程中实际支出的借款利息、债权利息等；利润总额与利息费用之和为息税前利润，即为企业当年实现的全部利润与利息支出的合计数。

举例来说，某公司2013年初资产总额为260万元，年底资产总额为340万元，利润总额为30.63万元，利息费用为3万元，那么，计算该公司2013年度总资产报酬率时，依据这样的计算步骤：

$$① \ 平均资产总额 = \frac{260 + 340}{2} = 300 \ （万元）$$

$$② \ 资产报酬率 = \frac{30.63 + 3}{300} \times 100\% = 11.21\%$$

同样，假如该公司的总资产报酬率高于同行平均水平，则说明该公司能够更有效率地运用资产创造利润；当然，我们在看待总资产报酬率时，还要关注其内部构成，假如利息费用所占的比例很高，则说明这家公司可能在过度举债，较多的息税前利润不是来自营业净利润，而是来自负债。所以，在观察总资产报酬率时，对其内部构成进行关注是很重要的。

企业的总资产报酬率除了在同行业中进行比较，还可以自身进行时间上纵向比较，从而判断其资产运用效率的动态变化状况。

一般情况下，我们在计算企业的总资产报酬率时，需要重点参考资产负债表与利润表。接下来，我们仍以上述的北方公司为例，看一下怎样在财务报表中计算出企业的总资产报酬率（见表7-6、表7-7）。

表7-6 北方公司2012—2013年度资产负债表

编制单位：北方公司 　　　　　2014年1月10日 　　　　　单位：万元

项目	2012 年度		2013 年度	
	年初金额	年末金额	年初金额	年末金额
流动资产：				
货币资金	100.00	120.00	120.00	80.00
应收票据	30.00	15.00	15.00	17.00
应收账款	20.00	10.00	10.00	13.00
存货	50.00	40.00	40.00	20.00
流动资产合计：	200.00	185.00	185.00	130.00
固定资产：				
建筑物	300.00	300.00	300.00	320.00
办公设备	20.00	21.00	21.00	25.00
固定资产合计	320.00	321.00	321.00	345.00
减：累计折旧	60.00	70.00	70.00	85.00
固定资产净额	260.00	251.00	251.00	260.00
其他资产：				
长期待摊费用	10.00	8.00	8.00	5.00

续表

项目	2012 年度		2013 年度	
	年初金额	年末金额	年初金额	年末金额
出租资产	20.00	22.00	22.00	22.00
其他资产合计	30.00	30.00	30.00	27.00
资产总计	520.00	496.00	496.00	457.00

表 7-7 北方公司2012—2013年度利润表

编制单位：北方公司　　　　　　　2014年1月10日　　　　　　　单位：万元

项目	2012 年度	2013 年度	2013 年度	2013 年度
	金额	金额	增减额	增减率
一、营业收入	130.00	200.00	70.00	53.85%
减：营业成本	60.00	90.00	30.00	50.00%
税金及附加	0.77	1.18	0.41	53.85%
销售费用	15.00	20.00	5.00	33.33%
管理费用	15.00	18.00	3.00	20.00%
财务费用	10.00	11.00	1.00	10.00%
加：其他收益	10.00	9.00	−1.00	−10.00%
减：资产减值损失	9.00	7.00	−2.00	−22.22%
二、营业利润	30.23	61.82	31.59	104.50%
营业利润率	23.26%	30.91%	7.65%	32.89%
加：营业外收入	10.00	14.00	4.00	40.00%
减：营业外支出	3.00	4.00	1.00	33.33%
三、利润总额	37.23	71.82	34.59	92.91%
减：所得税	9.31	17.95	8.65	92.91%
四、净利润	27.92	53.87	25.94	92.91%
营业净利率	21.48%	26.93%	5.45%	25.38%
利息费用	6.00	8.40	2.40	40.00%

通过表7-6、表7-7，我们可以知道，北方公司2012年度平均资产总额为：

$$\frac{520+496}{2} = 508（万元）$$

北方公司2013年度平均资产总额为：

$$\frac{496+457}{2} = 476.50（万元）$$

所以，北方公司2012年度的总资产报酬率为：

$$\frac{37.23+6}{508} \times 100\% = 8.51\%$$

北方公司2013年度的总资产报酬率为：

$$\frac{71.82+8.40}{476.50} \times 100\% = 16.84\%$$

通过比较可以看到，北方公司2013年度的总资产报酬率要高于2012年度。原因是多方面的，比如，北方公司净利润大幅度增加，同时，从利息费用小幅增加看出，北方公司在经营时，适当运用了负债经营，所以债务也有小幅增加；还有一个重要原因是，北方公司盘活资产，适当减少了资产总额，因此，即使年度平均资产总额减少了，但盈利能力增强了。其中，净利率提升5.45%。

净资产收益率分析

　　净资产收益率，是指一定时期内企业的净利润与平均净资产的比率；对股份制企业来说，净资产收益率也就是股权报酬率；对于上市公司来说，它是一个衡量股票投资者回报的指标。此外，通过观察净资产收益率的变动情况，可以反映出企业管理层的表现，包括企业的盈利能力、资产管理水平等。

　　净资产收益率指标越高，说明投资带来的收益越高；净资产收益率指标越低，说明企业所有者权益的获利能力越弱。所以，该指标体现了企业自有资本获取净收益的能力。在计算净资产收益率时，需要用到这样两个计算公式：

$$① \ 平均净资产 = \frac{年初净资产 + 年末净资产}{2}$$

$$② \ 净资产收益率 = \frac{税后净利}{平均净资产} \times 100\%$$

　　举例来说，某公司2013年初净资产金额为500万元，年底净资产金额增加到800万元，税后净利为120万元。那么，该公司2013年度净资产收益率的计算步骤为：

$$① \ 平均净资产 = \frac{500 + 800}{2} = 650 \ (万元)$$

$$② \ 净资产收益率 = \frac{120}{650} \times 100\% = 18.46\%$$

与前文的总资产报酬率类似，我们在计算净资产收益率时，也需要同时参考资产负债表与利润表。接下来，我们仍以前述北方公司为例，计算出它的净资产收益率（见表7-8）。

表 7-8 北方公司2012—2013年度资产负债

编制单位：北方公司　　　　　　　　2014年1月10日　　　　　　　　单位：万元

所有者权益	2012 年度		2013 年度	
	年初金额	年末金额	年初金额	年末金额
所有者权益				
实收资本	100.00	100.00	120.00	120.00
资本公积	20.00	22.00	2.00	20.00
盈余公积	10.00	15.00	15.00	16.00
未分配利润	8.00	10.00	10.00	13.00
合计	138.00	147.00	147.00	169.00

至于北方公司的净利润，我们可以参考表7-5。根据公式以及表格中的数据，我们可以计算出北方公司2012年度的平均净资产为：

$$\frac{138 + 147}{2} = 142.50（万元）$$

北方公司2013年度的平均净资产为：

$$\frac{147 + 169}{2} = 158（万元）$$

所以，北方公司2012年度的净资产收益率为：

$$\frac{27.92}{142.50} \times 100\% = 19.59\%$$

北方公司2013年度的净资产收益率为：

$$\frac{53.87}{158} \times 100\% = 34.09\%$$

通过观察可知，北方公司2013年度净资产收益率要高出2012年度14.50个百分点（34.09% – 19.59%）。对于所有者或股东来说，北方公司有着较强的资本盈利能力，股东在北方公司的投资，可以获得更好的盈利。当然，在资产负债表中，负债等于总资产减去所有者权益，因此，我们在看到企业总资产、所有者权益，以及净资产收益率时，还需要再关注一下该企业的负债情况，尤其要了解企业的偿债能力。只有这样，我们才能够比较全面地判断出企业的盈利能力是否稳健，以及企业的运营状况是否健康。

第八章

快速了解企业的经营效率

企业的经营效率，又被称为营运能力，是指企业对各项资产的运用效率。我们通过对有关财务指标的分析，包括资产的周转率或周转速度，可以获悉企业营运能力方面的信息，并为企业提高经济效益指明方向。同时，我们在对企业营运能力进行分析后，可以判断企业在以下三个方面存在的问题。

第一，评价企业资产营运的效率。所谓资产营运，是指企业为了实现价值最大化，而进行的资产配置和经营运作的活动；资产营运一般包括这样几个原则：风险收益均衡、资产合理配置、成本效益最优与资产周转最快原则。

第二，发现企业在资产营运中存在的问题。比如说，我们通过一些财务指标，来发现企业在资产营运方面，是否做到了上述几个原则，是否有进一步提升的空间等。

第三，分析企业的营运能力，是分析企业盈利能力和偿债能力的基础与补充。因为企业的盈利能力受企业经营效率的直接影响，如果企业经营效率高，那么企业才有稳健盈利的可能，很难想象，一家经营效率非常低的企业，其盈利能力又怎能有出色而持久的表现？另外，企业经营效率提升，偿债能力自然也会增强。

通常情况下，我们分析一家企业的营运能力，需要参考资产负债表与利润表。接下来，我们对与企业运营能力相关的若干关键指标与所需要参考的财务报表进行列示（见表8-1）。

表 8-1 企业运营能力关键指标体系

指标	概念	公式	相关报表
存货周转率	反映企业在一定时期内存货的周转速度，以及资金的使用效率。	$存货周转率 = \dfrac{营业成本}{平均存货}$	利润表、资产负债表
存货周转天数	反映企业从取得存货开始，至消耗、销售为止所经历的天数，能够说明存货变现的速度。	$存货周转天数 = \dfrac{365天}{存货周转率}$	利润表、资产负债表
应收账款周转率	反映企业在一定时期内（通常为一年）应收账款转化为现金的平均次数。	$应收账款周转率 = \dfrac{营业收入}{平均应收账款}$	利润表、资产负债表
应收账款周转天数	反映企业从取得应收账款的权利到收回款项、转换为现金所需要的时间。	$应收账款周转天数 = \dfrac{365天}{应收账款周转率}$	利润表、资产负债表
总资产周转率	反映企业在一定时期内营业收入与平均资产总额的比值，可以综合评价企业全部资产的经营质量和利用效果。	$总资产周转率 = \dfrac{营业收入}{年底资产总计}$	利润表、资产负债表

　　通过对表8-1中的关键指标进行分析，我们可以迅速了解一家企业的营运能力或经营效率的状况。接下来，我们对上述关键指标进行一一分析。

企业的存货周转指标分析

这里的存货周转指标，主要包括存货周转率和存货周转天数。我们通过前面表格中的概念陈述已经知道，存货周转率实则是营业成本与平均存货的比值，它可以综合衡量与评价企业购入存货、投入生产、销售收回等各环节的管理状况。

存货周转率的高低可以反映企业存货管理水平的高低，所以它还会影响企业的短期偿债能力。一般来讲，存货周转速度越快，意味着存货的占用率越低，流动性越强，存货转换为现金或应收账款的速度就越快。因此，提高存货周转率可以提高企业的变现能力。

存货周转天数与存货周转率有着直接的关系，可以理解为，存货周转天数是一年中多少天可以产生一次存货周转率。比如说，某企业的存货周转天数为15天，就意味着该企业一年中平均每15天就产生一次存货周转率。显然，存货周转天数越短，那么，企业的存货周转速度就越快，其存货变现能力就越强。

在计算企业的存货周转率与存货周转天数时，我们一般遵循这样的计算步骤：

$$① \ 平均存货 = \frac{年初存货 + 年底存货}{2}$$

$$② \ 存货周转率 = \frac{营业成本}{平均存货}$$

$$③ \ 存货周转天数 = \frac{365}{存货周转率}$$

举例来说，某公司在2013年初存货100万元，当年底存货120万元，营业成本是600万元，那么，该公司2013年度存货周转率与存货周转天数的计算步骤为：

$$平均存货 = \frac{100+120}{2} = 110（万元）$$

$$存货周转率 = \frac{600}{110} \approx 5.45$$

$$存货周转天数 = \frac{365 天}{5.45} \approx 66.97 天$$

通过上述分析可知，该公司存货周转率为5.45，存货周转天数为66.97天，意味着该公司需要66.97天才能使平均存货变现一次。这时，我们要将所得到的指标与该公司所处行业内的平均水平进行比较；其中，存货周转率越高，表明存货的周转速度越快，企业的变现能力就越强；相对应的是，存货周转天数越少，说明存货变现所用的时间越短，那么库存时间也就越短，显然可以减少企业的开支，提升变现能力。

我们接下来通过一个案例来进一步认识企业的存货周转指标，该案例需要参考资产负债表与利润表中的相关数据（见表8-2、表8-3）。

表 8-2 文杨公司2013年度资产负债

编制单位：文杨公司　　　　2014年1月8号　　　　单位：万元

资产	2013年初	2013年末	增减额	增减幅度
流动资产				
货币资金	230.00	300.00	70.00	30.43%
应收票据	50.00	76.00	26.00	52.00%
应收账款	60.00	95.00	35.00	58.33%
存货净额	150.00	170.00	20.00	13.33%

表8-3 文杨公司2013年度利润

编制单位：文杨公司　　　　　　　　2014年1月8号　　　　　　　　单位：万元

项目	2013年初	2013年末	2013年末	2013年末
	金额	金额	增加额	增减幅度
营业收入	810.00	940.00	130.00	16.05%
营业成本	610.00	700.00	90.00	14.75%
营业毛利	200.00	240.00	40.00	20.00%

通过表8-2可以知道文杨公司2013年度的平均存货为：

$$\frac{150+170}{2}=160（万元）$$

通过表8-3可以知道该公司2013年度的营业成本为700万元（即2013年末的营业成本，2013年初的营业成本常表示上年度的营业成本）。那么，文杨公司的存货周转率为：

$$\frac{700}{160}\approx4.38$$

于是，该公司的存货周转天数为：

$$\frac{365天}{4.38}\approx83.33（天）$$

一般来说，企业所处行业的性质不同，其行业平均周转率与周转天数也会不同。所以，文杨公司可以将自己的存货周转指标与行业内的平均水平进行比较。如果该公司的存货周转率高于行业平均水平，说明它在行业内的存货变现能力比较好，产品周转速度较快，这可以反映出该公司的产品市场竞争力较强；反之，则说明该公司产品的竞争力不够强。

在比较存货周转天数时，如果发现该公司的存货周转天数少于行业平均水平，则可以反映出这家公司产品销量高，周转速度快，产品畅销，显然具有竞争力，还可以显著降低存货跌价损失；假如该企业的存货周转天数比行业平均水平高，则说明该公司存货积压较多，产品竞争力不够出色，同时存货占用资金过多，会加重企业资金链负担，企业库存成本较高，也使得企业存货损坏、跌价的风险概率增加。

当然，我们上述分析一般是基于财务报表本身。我们在实际分析报表时，还需要考虑到报表以外的因素。从这个意义上说，存货周转率低，有时未必一定不好。比如说，企业通过实地调研，预测某产品将供不应求，为此，企业提前存下大批货物，以防到时缺货。在这种情况下，如果我们纯粹从报表数字上来判断企业的产品缺乏"竞争力"，显然不够客观与贴近现实。

举例来说，某水果供应商判断在冬季时，水果价格将会增加，而且水果还会畅销。这种情况下，该水果供应商提前在冷库中储存下大量水果，暂时延缓对外销售，甚至暂停对外销售。到冬季时，该水果供应商再将储存的水果入市，从而获得了更为丰厚的利润。这种情况下，我们若仅是根据报表数字指责该水果供应商"经营不善"，会有失客观。

可见，财务报表分析是一门综合性很强的工作，既需要我们读懂报表反映的各种关键指标，还需要我们具备丰富的经营与市场常识，只有这样，才能得出最符合事实的结论。

应收账款指标分析

所谓应收账款，是指企业已将产品销售出去，但还未收回的账款。企业应收账款指标主要涉及应收账款周转率和应收账款周转天数。其中，应收账款周转率是企业在一定时期内（通常为一年）赊销净额与应收账款平均余额的比率；应收账款周转天数则是企业从取得应收账款的权利到收回款项、转换为现金所需要的时间。

在这里面，应收账款周转率是用于衡量企业应收账款流动程度的重要指标，相当于在一定时间内应收账款转为现金的平均次数。所以，应收账款周转率越高，说明应收账款的收回越快，平均收账期也就越短。否则的话，企业营运资金过多地处于应收账款中，显然不利于企业资金的健康流动，起码会使企业损失资金的时间价值。

所谓资金的时间价值，也就是说，企业掌握的变现性较好的资金，可以为企业带来更多潜在的收益，比较直接的例子，便是资金的利息收益等。假如企业资金长期在应收账款中，不仅会损失企业应收资金的时间价值，而且会加大应收账款变为坏账的风险。所以，企业一般都会希望应收账款周转率越高越好，从而加快资金回笼，推动企业再投资、再生产、再销售、再回款的良性循环。

相对来说，应收账款周转天数是应收账款周转率的一个辅助性指标，与应收账款周转率成反比。其中，应收账款周转天数越短，说明流动资金使用效率越好，它可以用来衡量公司需要多长时间才能收回应收账款，也是反映企业经营能力的一个重要指标。

实际上，企业经营中之所以会出现应收账款，是与现在的信用销售分不开的。所谓信用销售，也就是企业通过分期付款、延期付款等方式向客户销售商品或服务的信用交易方式。企业通过信用销售，形成了不同数目的应收账款。我们在计算应收账款指标时，需要参考资产负债表与利润表，用营业收入替代赊销净额，要用到的计算公式依次为：

$$① \text{ 平均应收账款} = \frac{\text{年初应收账款} + \text{年底应收账款}}{2}$$

$$② \text{ 应收账款周转率} = \frac{\text{营业收入}}{\text{平均应收账款}}$$

$$③ \text{ 应收账款周转天数} = \frac{365 \text{ 天}}{\text{应收账款周转率}}$$

举例来说，一家公司2013年初应收账款总额为200万元，当年底应收账款总额是260万元，该公司2013年度营业收入为2,100万元，那么计算该公司的应收账款指标步骤为：

$$\text{平均应收账款} = \frac{200 + 260}{2} = 230 \text{（万元）}$$

$$\text{应收账款周转率} = \frac{2,100}{230} \approx 9.13$$

$$\text{应收账款周转天数} = \frac{365 \text{ 天}}{9.13} \approx 39.98 \text{（天）}$$

通过观察该公司的应收账款指标，我们可以知道，该公司的应收账款在将近40天时可以收回。在我们获得企业的应收账款指标数据后，需要根据企业经营中的实际状况，来判断这个应收账款时间是否正常。一般情况下，我们希望应收账款天数不影响企业的正常生产经营为一个衡量标准，假如应收账款天数过长，影响了企业的正常经营，那么，这个回款时间对企业而言显然是过长的。

我们接下来再参考表8-2与表8-3中的数据，并计算前面所述文杨公司的应收账款指标。通过阅读财务报表中的相关数据，我们可以知道文杨公司2013年度平均应收账款为：

$$\frac{60+95}{2} = 77.5（万元）$$

该公司的应收账款周转率为：

$$\frac{940}{77.50} \approx 12.13$$

该公司的应收账款周转天数为：

$$\frac{365 天}{12.13} \approx 30.09（天）$$

我们可以拿该公司的应收账款周转率与行业平均水平进行比较，若其高于行业平均水平，说明这家公司的收账效率较高，变现能力较强，同时还说明了其交易对象还款能力良好，便于公司更有效地利用资金；若其低于行业平均水平，则说明该公司的收账效率较低，变现能力也较低。当然，应收账款周转天数在与行业平均水平进行比较时，则是越短越好，因为应收账款周转天数越短，说明其账款回收越快。

那么，应收账款周转率是否越大越好呢？也未必，需要具体情况具体分析。比如说，有些企业只以收现方式进行销售，拒绝赊购，那么这时，观察其应收账款周转率则没有什么意义；此外，还有些公司在生产方面受季节性因素影响显著，这也会干扰应收账款周转率的实际意义与正确性。

因此，我们判断一家企业的应收账款指标时，除了看财务报表，还要结合企业所处的行业、市场环境以及其自身经营特点等，在此基础上，我们才能对其应收账款指标形成客观认识。

总资产周转指标分析

所谓总资产周转率，是指企业在一定时期内，营业收入与平均资产总额的比率。它综合反映了企业整体资产的营运能力，一般来说，资产的周转次数越多或周转天数越少，表明其周转速度越快，营运能力也就越强。

在此基础上，我们还要进一步从其各个构成要素进行分析，以便查明总资产周转率升降的原因。企业可以通过薄利多销的方法，加速资产的周转，从而带来利润绝对额的增加，并提高资金的使用效率，增强企业短期偿债能力，促进企业管理水平的提高。

与上面所述的存货周转与应收账款周转类似，总资产周转指标也包括两个次级指标，分别为总资产周转率和总资产周转天数。它们的计算公式相应如下：

$$①\ 总资产周转率 = \frac{营业收入}{平均资产总额}$$

$$②\ 总资产周转天数 = \frac{365\ 天}{总资产周转率}$$

至此，我们也可以看出，总资产周转天数实则为总资产周转率衍生出的一个指标；我们前面所述的存货周转天数与应收账款周转天数也是如此。也就是说，只要知道了周转率，就可以计算出周转天数。那么，在实际工作中，我们应该怎样利用总资产周转率这个指标呢？

举例来说，一家公司2013年度的营业收入为1,500万元，平均资产总额为2,300万元，那么，该公司2013年度的总资产周转率为：

$$总资产周转率 = \frac{1,500}{2,300} = 0.65$$

这意味着，该公司每1元的资产，可以带来0.65元的营业收入。可见，总资产周转率越高，表明该企业越能充分利用资产。为了了解一家企业在行业内的经营效率排名情况，我们还可以将该企业的总资产周转率与行业平均水平进行比较，如果这家企业的总资产周转率高于行业平均水平，则表明其资产利用效率好，运营效率较高；假如其总资产周转率低于行业平均水平，则说明该公司运营费用较高，主营业务获利能力比较低，产品毛利率也比较低，这显然会有损于其在行业内的竞争力。

接下来，我们再对前面的文杨公司总资产周转率进行分析，同时，我们将其资产负债表继续列述如下，并引用表8-3的数据（见表8-4）。

表 8-4 文杨公司2013年度资产负债

编制单位：文杨公司	2014年1月8日		单位：万元
资产	2013 年初	2013 年末	增减额	增减幅度
流动资产				
货币资金	230.00	300.00	70.00	30.43%
应收票据	50.00	76.00	26.00	52.00%
应收账款	60.00	95.00	35.00	58.33%
存货	150.00	170.00	20.00	13.33%
其他资产合计	820.00	1,100.00	280.00	34.15%
资产总计	1,310.00	1,741.00	431.00	32.90%

通过参考表8-4与表8-3的数据，我们可以知道文杨公司2013年度总资产周转率为：

$$\frac{940}{1,741} = 0.54$$

这意味着，该公司平均每1元的资产，可以每年带来0.54元的营业收入。这时，我们可以从横向上判断该公司在行业内的排名情况，还可以考察该公司不同期间的总资产周转率变动情况。通过该公司自身指标数据，以及在横向与纵向两个维度上的比较情况，我们便可以比较全面地认识企业对资产的利用效率，进而可以知道其营运能力的高低。

第九章

快速判断企业的偿债能力

所谓偿债能力，是指企业用其资产偿还长期债务与短期债务的能力。所以，企业的偿债能力是企业偿还到期债务的承受能力或保证程度，包括偿还短期债务和长期债务的能力。通常情况下，企业有无支付现金与偿还债务的能力，是企业能否健康生存和发展的关键。因此，企业偿债能力是反映企业财务状况和经营能力的重要标志。

从静态上来讲，偿债能力是用企业资产清偿企业债务的能力；从动态上来讲，偿债能力则是用企业资产和经营过程创造的收益偿还债务的能力。我们主要针对企业的短期负债与长期负债进行分析。

其中，企业的短期偿债能力，是企业以流动资产对流动负债能够及时足额偿还的保证程度，也就是企业以流动资产偿还流动负债的能力，反映企业偿付日常到期债务的能力。所以，企业的短期偿债能力是衡量企业当前财务能力，尤其是衡量流动资产变现能力的重要指标。我们在研究企业的短期偿债能力时，主要涉及的关键指标见表9-1。

表 9-1 企业短期偿债能力关键指标体系

指标	概念	公式	相关报表
流动比率	反映企业流动资产对流动负债的比率。可以衡量企业流动资产在短期债务到期前，可以变为现金用于流动负债的能力。	$流动比率 = \dfrac{流动资产}{流动负债}$	资产负债表

续表

指标	概念	公式	相关报表
速动比率	反映企业速动资产对流动负债的比率，可以衡量企业流动资产中能够立即变现用于偿还流动负债的能力。	$速动比率=\dfrac{速动资产}{流动负债}$	资产负债表
现金比率	反映企业现金及现金等价资产总量与当前流动负债的比率，可以衡量公司资产的流动性。	$现金比率=\dfrac{货币资金+交易性金融资产}{流动负债}$	资产负债表
利息保障倍数	反映企业息税前利润与利息费用的比率，可以衡量企业偿还借款利息的能力。	$利息保障倍数=\dfrac{息税前利润}{利息费用}$	利润表

　　企业的偿债能力中，除了短期偿债能力外，还有长期偿债能力。虽然企业的长期负债尚且不需要企业短期偿还，但毕竟也有偿还之日。所以，我们在了解一家企业的财务状况时，也应该了解其长期偿债能力。接下来，我们列举企业长期偿债能力的若干关键指标见表9-2。

表9-2 企业长期偿债能力关键指标体系

指标	概念	公式	相关报表
资产负债率	反映企业负债总额与资产总额之间的比率，衡量总资产中有多大比例是通过借债来筹资的。	$资产负债率=\dfrac{负债总额}{资产总额}\times100\%$	资产负债表
股东权益比率	反映企业股东权益与资产总额的比率，衡量企业资产中有多少是所有者投入的。	$股东权益比率=\dfrac{所有者权益总额}{资产总额}\times100\%$	资产负债表
资本周转率	反映企业可变现的流动资产与长期负债的比率，衡量公司清偿长期债务的能力。	$资本周转率=\dfrac{货币资金+短期投资+应收票据}{长期负债合计}$	资产负债表

续表

指标	概念	公式	相关报表
产权比率	反映企业负债总额与所有者权益总额的比率,是评估资金结构合理性的一个重要指标。	$产权比率=\dfrac{负债总额}{所有者权益总额}$	资产负债表
清算价值比率	反映企业有形资产与负债的比率,衡量企业清偿全部债务的能力。	$清算价值比率=\dfrac{资产总计+无形及递延资产合计}{负债合计}$	资产负债表
长期资产适合率	反映企业所有者权益同长期负债之和与固定资产同长期投资之和的比率,可以从资源配置结构方面衡量企业的偿债能力。	$长期资产适合率=\dfrac{所有者权益总额+长期负债总额}{固定资产总额+长期投资总额}\times100\%$	资产负债表

　　我们接下来对企业短期偿债与长期偿债能力进行一一分析。由于短期偿债能力直接影响企业的日常经营活动,对企业来说,至关重要,所以,在分析企业的短期偿债能力时,我们将其下属关键指标进行逐项分析,对于长期偿债能力,由于其具备时间缓冲的优势,所以将其下属关键指标统一置于"长期偿债能力"下来分析。

流动比率的含义

在企业经营中，能够立即偿还到期债务，这对企业来说，有着重要意义。难以想象，一个企业在债主屡屡上门催债、逼债的情况下，正常的生产经营活动怎能不受影响？所以，研究企业的财务状况，尤其是短期偿债能力，非常重要。

在企业的短期偿债能力指标体系中，流动比率则是反映在流动债务到期前，企业能够用现金偿还这笔债务的能力。一般情况下，流动比率越高，说明企业资产的变现能力越强，短期偿债能力就越强；反之则弱。

一般来说，企业的流动比率在2:1，即流动资产是流动负债的2倍，较为适宜，这表明即使流动资产有一半在短期内不能变现，也能保证全部的流动负债得到偿还。当然，流动负债也不宜过高，否则，可能意味着企业有大量资金闲置，不利于资金的充分利用。计算流动比率的公式如下：

$$流动比率 = \frac{流动资产}{流动负债}$$

举例来说，某公司2013年度的流动资产合计720万元，流动负债为430万元，那么其流动比率为：

$$流动比率 = \frac{720}{430} = 1.67$$

该公司的流动比率低于2，假如流动资产中有一半资产不能短期变现的话，该公司可能要面临财务危机。通常情况下，我们说的"短期负债"，主要是企业1年内或长于1年、但不足一个经营周期的负债。由于这种债务到期时间短，所以需要企业具备稳健的流动比率，才能避免陷入债务危机。

我们接下来再举一个案例来认识流动比率（见表9-3及图）。

表 9-3 魏都公司资产负债

编制单位：魏都公司　　　　　　　2014年1月9日　　　　　　　　单位：万元

资产	2013年初	2013年末	负债及所有者权益	2013年初	2013年末
流动资产			流动负债		
货币资金	450.00	600.00	短期借款	170.00	180.00
应收票据	180.69	113.00	应付账款	130.26	170.25
应收账款	210.28	230.36	应付职工薪酬	70.00	75.00
存货	160.00	310.26	应交税费	130.00	140.00
其他流动资产	50.00	50.00	其他流动负债	40.00	30.00
流动资产合计	1,050.97	1,303.62	流动负债合计	540.26	595.25

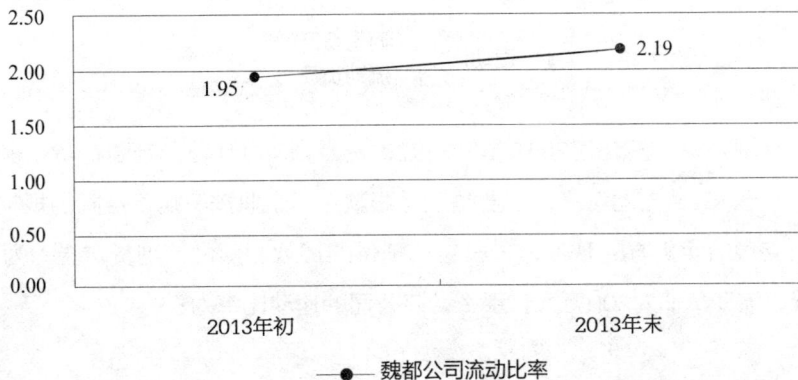

魏都公司流动比率

通过表9-3及图，可以看出，魏都公司在2013年初的流动比率略低于2，说明该公司在年初时短期偿债能力较弱，一旦短期债务到期，公司不能迅速变现资产以偿还债务，可能会影响公司的生产经营；到2013年末，魏都公司的流动比率提升，略高于2，企业的短期偿债能力显著增强。

速动比率的计算方法

速动比率，是指速动资产对流动负债的比率。它是衡量企业流动资产中可以立即变现，并用于偿还流动负债的能力。所谓速冻资产，就是流动资产中变现能力比较强的部分资产，包括货币资金、短期投资、应收票据、应收账款，这些资产可以在较短时间内变现；而流动资产中存货、1年内到期的非流动资产及其他流动资产等则不应计入速动资产。

一般情况下，速动比率越大，表明公司短期偿债能力越强。通常来说，速动比率在1∶1左右较好。如果速动比率过大，可能致使企业资金闲置较多，不利于企业资金的充分利用。企业速动比率的计算公式为：

$$速动比率 = \frac{速动资产}{流动负债}$$

举例来说，某公司2013年度的流动资产为360万元，其中存货金额为130万元，其他流动资产，主要是预付账款（指企业按照购货合同的规定，预先支付给卖货方的款项，一般包括预付的货款、预付的购货定金）为20万元，流动负债为200万元。那么，该公司的速动比率为：

$$速动比率 = \frac{360-130-20}{200} = 1.05$$

可见，该公司最快可变成现金的资产是流动负债的1.05倍，可以应付紧急债务。

为了便于理解速动比率的概念，我们仍以前面所述的魏都公司为例，再予举例（见表9-4及图）。

表 9-4 魏都公司资产负债

编制单位：魏都公司　　　　　　　2014年1月9日　　　　　　　单位：万元

资产	2013年初	2013年末	负债及所有者权益	2013年初	2013年末
流动资产			**流动负债**		
货币资金	450.00	600.00	短期借款	170.00	180.00
应收票据	180.69	113.00	应付账款	130.26	170.25
应收账款	210.28	230.36	应付职工薪酬	70.00	75.00
存货	160.00	310.26	应交税费	130.00	140.00
其他流动资产	50.00	50.00	其他流动负债	40.00	30.00
流动资产合计	1,050.97	1,303.62	**流动负债合计**	540.26	595.25
速动资产	550.97	653.62			

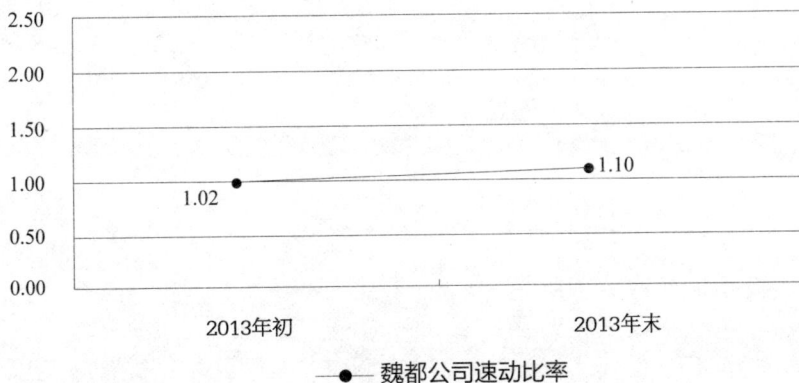

—●— 魏都公司速动比率

　　通过对表9-4及图进行观察可知，魏都公司在2013年初与年末的速动比率均高于1，而且是稳步增长，所以该公司2013年度的短期偿债能力较强，即使有短期负债到期需要偿还，该公司仍然可能较快地将资产变现后偿还。

　　那么，企业的流动比率或者速动比率高于标准比率，如2∶1或1∶1，是否意味着企业的短期偿债能力一定就会强？其实也未必。如果某公司虽然速动比率较高，但应收账款周转速度慢，就意味着应收账款变现能力差，这样的话，该公司真实的短期偿债能力就要比指标反映状况差。所以，我们在运用速动比率指标时，应结合应收账款的规模、周转速度与其他应收账款的规模，并对它们的变现能力进行综合分析。

另外，假如流动资产中，预付账款、其他流动资产等指标的变现能力差或无法变现，那么，我们在计算流动资产时，即使流动资产数额较大，并使得流动比率与速动比率都比较大，也并不意味着企业的短期偿债能力就一定强。因此，我们还需要观察企业的现金比率。

现金比率分析

所谓现金比率，是指流动资产中货币资金与交易性金融资产（指企业为了近期内出售而持有的债券投资、股票投资和基金投资，具有很强的变现能力，基本可以视为与现金等价）之和，同流动负债的比率。该指标可以真实地反映出企业的短期偿债能力。

通常情况下，现金比率只要不小于1，那么就可以完全偿还到期的短期债务。现金比率的计算公式为：

$$现金比率 = \frac{货币资金 + 交易性金融资产}{流动负债}$$

我们接下来仍以表9-4为例，可知魏都公司的2013年初与年末的现金比率为：

$$年初现金比率 = \frac{450}{540.26} \approx 0.83$$

$$年末现金比率 = \frac{600}{595.25} \approx 1.01$$

通过比较可知，魏都公司在2013年初的现金比率低于1，假如此时有短期债务到期，该公司的其他流动资产部分又不能当即变现，可能给该公司的正常生产经营带来不利影响；到2013年末时，该公司现金比率等于1，意味着可以随时支付到期的债务，说明其有较强的偿债能力。

利息保障倍数的含义

所谓利息保障倍数，又称为已获利息倍数，是指企业生产经营所获得的息税前利润与利息费用的比率。它是衡量企业支付负债利息能力的指标，用以衡量企业偿付借款利息的能力。所以，债权人通过分析利息保障倍数指标，可以得知债权的安全程度。利息保障倍数的计算公式为：

$$利息保障倍数 = \frac{息税前利润}{利息费用} = \frac{利润总额 + 利息费用}{利息费用}$$

通过公式可以看出，利息保障倍数可以反映企业经营收益为所需支付的债务利息的多少倍。如果利息保障倍数足够大，就意味着企业有充足的能力支付利息；反之，若利息保障倍数不够大，意味着企业没有足够大的息税前利润，那么利息的支付就会发生困难。

那么，利息保障倍数一般是多大，才能表示企业偿债能力比较安全呢？

我们来看一个案例，某公司2013年度利润总额为300万元，本期利息费用为50万元，该公司2013年度的利息保障倍数为：

$$利息保障倍数 = \frac{300 + 50}{50} = 7$$

那么，该企业的偿债能力是否能够达到要求呢？通常来说，我们将利息保障倍数应该大于5作为标准。如果企业的利息保障倍数符合标准，就表明企业支付利息及偿债能力较好，也代表债权的安全程度较高。因此，上述案例中的企业偿债能力比较强。

我们接下来仍以前面的魏都公司为例，了解其利息保障倍数指标（见

表9-5及图）。

表9-5 魏都公司利润

编制单位：魏都公司　　　　　　2014年1月9日　　　　　　单位：万元

项目	2013年初数	2013年末数
期间费用：		
利息费用	94.50	98.00
管理费用	9.50	8.40
销售费用	1.30	1.20
期间费用合计	105.30	107.60
营业收入	1,240.58	1,640.55
营业成本	680.06	750.00
营业成本毛利	560.52	890.55
减：期间费用及营业外收支净额	140.13	222.64
利润总额	420.39	667.91

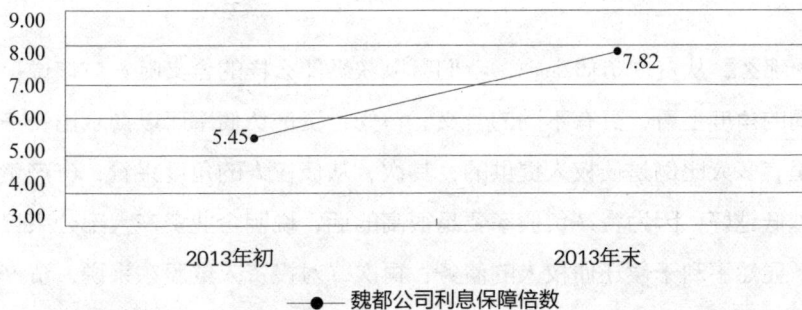

—●— 魏都公司利息保障倍数

通过上面的图表可知，魏都公司2013年初与年末的利息保障倍数均高于5，而且呈上升趋势，说明该公司的偿债能力不断增强。由于利息保障倍数与企业的息税前利润成正比，所以，利息保障倍数还可以反映出企业的盈利能力。此外，对于企业的长期借款，利息保障倍数还可以在一定程度上反映企业的长期偿债能力。我们接下来将重点研究企业的长期偿债能力。

如何判断企业的长期偿债能力

企业的长期偿债能力主要与6个指标紧密相关，分别是资产负债率、股东权益比率、资本周转率、产权比率、清算价值比率与长期资产适合率。我们接下来对这6个指标进行逐项分析。

1. 资产负债率

它是企业负债总额占企业资产总额的百分比。该指标反映了在企业的全部资产中由债权人提供的资产所占比重的大小，以及债权人向企业提供信贷资金的风险程度，还反映了企业举债经营的能力。该指标的计算公式为：

$$资产负债率 = \frac{负债总额}{资产总额} \times 100\%$$

那么，从资产负债率中，我们可以获悉什么样的含义呢？应该说，从不同的角度上看，具有不同的含义。首先，资产负债率可以揭示出资产总额里有多大比例是债权人提供的；其次，从债权人的角度来看，资产负债率越低越好，因为资产负债率要是很高的话，说明企业资产大部分来自负债，显然不利于偿还债权人的债务；再次，对投资人或股东来说，资产负债率较高些，可能会带来一定好处，比如，企业可以通过财务杠杆、利息税前扣除、用较少的资本（或股本）投入来获得企业的控制权等；最后，从经营者的角度来看，他们最关心的是在充分利用借入资金给企业带来好处的同时，尽可能降低财务风险。

由此可知，在企业不会发生债务危机的前提下，企业的负债率应该尽可能选择高一些，从而用好财务杠杆等便利。那么，资产负债率在什么样的水平比较适宜呢？一般情况下，我们认为资产负债率为40%—60%比较合适。

我们接下来仍以前面的魏都公司为例，进行阐述与分析（见表9-6及图）。

表 9-6 魏都公司资产负债

编制单位：魏都公司　　　　　　　2014年1月9日　　　　　　　单位：万元

资产	2013年初	2013年末	负债及所有者权益	2013年初	2013年末
流动资产			**流动负债**		
货币资金	450.00	600.00	短期借款	170.00	180.00
应收票据	180.69	113.00	应付账款	130.26	170.25
应收账款	210.28	230.36	应付职工薪酬	70.00	75.00
存货	160.00	310.26	应交税费	130.00	140.00
其他流动资产	50.00	50.00	其他流动负债	40.00	30.00
流动资产合计	1,050.97	1,303.62	**流动负债合计**	540.26	595.25
非流动资产			**非流动负债**		
投资性房地产	28.00	45.00	长期借款	240.00	290.00
长期股权投资	70.00	90.00	应付债券	30.00	40.00
固定资产			长期应付款	30.00	35.00
固定资产原价	670.00	670.00	其他非流动负债	16.00	18.00
减：累计折旧	20.00	40.00	**非流动负债合计**	316.00	383.00
固定资产净值	650.00	630.00	负债合计	856.26	978.25
无形资产及递延资产	290.00	290.00			
其他长期资产	15.00	16.00			
非流动资产合计	1,025.00	1,026.00			
资产总计	2,075.97	2,329.62			

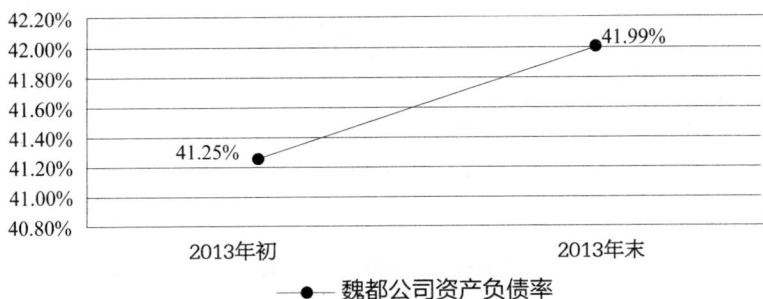

通过表9-6及图可以看出，魏都公司在2013年初与年末的资产结构中，负债部分分别占比41.25％与41.99％，虽有小幅上涨，但都处于安全范围内，企业的偿债能力比较有保障。

2. 股东权益比率

所谓股东权益比率，也称为自有资本比率，是股东权益总额与资产总额的比率；该比率反映企业资产中有多少是所有者投入的。一般情况下，股东权益比率应当适中，如果该比率过小，表明企业过度负债，容易削弱公司抵御外部冲击的能力；而比率过大，意味着企业经营者没有积极利用财务杠杆作用来扩大经营规模。

股东权益比率的计算公式为：

$$股东权益比率 = \frac{所有者权益总额}{资产总额} \times 100\%$$

由于在资产负债表中，企业的资产总额等于所有者权益总额同负债总额之和，所以股东权益比率加上资产负债率等于1，两者是此消彼长的关系。所以，我们根据前面提到资产负债率的适宜范围为40％—60％，可知，股东权益比率的适宜范围是与此相同的。

另外，股东权益比率的倒数为权益乘数，即资产总额是股东权益的多少倍。如果权益乘数越大，说明股东投入的资本在资产中所占比重越小，反之则是越大。我们通过前面的学习已经知道，股东权益又称为企业的净资产，是公司总资产中扣除负债所剩余的部分。

股东权益主要包括5个部分，分别是如下几方面。

（1）股本，即按照面值计算的股本金。

（2）资本公积，包括股票发行溢价、法定财产重估增值、接受捐赠资产价值。

（3）盈余公积，又可以分为法定盈余公积和任意盈余公积。其中，法定盈余公积按公司税后利润的10%强制提取，目的是为了应付经营风险；当法定盈余公积累计额已达注册资本的50%时，可以不再提取。

（4）法定公益，按税后利润的5%—10%进行提取，主要用于公司福利设施支出。

（5）未分配利润，指公司留待以后年度分配的利润或待分配利润。

我们接下来仍以魏都公司为例，对该公司的股东权益比率进行分析（见表9-7及图）。

表 9-7 魏都公司资产负债

编制单位：魏都公司			2014年1月9日		单位：万元
资产	2013年初	2013年末	负债及所有者权益	2013年初	2013年末
流动资产：			流动负债：		
货币资金	450.00	600.00	短期借款	170.00	180.00
应收票据	180.69	113.00	应付账款	130.26	170.25
应收账款	210.28	230.36	应付职工薪酬	70.00	75.00
存货	160.00	310.26	应交税费	130.00	140.00
其他流动资产	50.00	50.00	其他流动负债	40.00	30.00
流动资产合计	1,050.97	1,303.62	流动负债合计	540.26	595.25
			非流动负债：		
非流动资产：			长期借款	240.00	290.00
投资性房地产	28.00	45.00	应付债券	30.00	40.00
长期股权投资	70.00	90.00	长期应付款	30.00	35.00

续表

资产	2013年初	2013年末	负债及所有者权益	2013年初	2013年末
固定资产:			其他非流动负债	16.00	18.00
固定资产原价	670.00	670.00	非流动负债合计	316.00	383.00
减：累计折旧	20.00	40.00	负债合计	856.26	978.25
固定资产净值	650.00	630.00	所有者权益:		
			实收资本	800.00	800.00
无形资产及递延资产	290.00	290.00	资本公积	155.00	197.00
其他长期资产	15.00	16.00	盈余公积	124.71	164.00
			未分配利润	140.00	190.37
非流动资产合计	1,025.00	1,026.00	所有者权益合计	1,219.71	1,351.37
资产总额	2,075.97	2,329.62	负债及所有者权益总计	2,075.97	2,329.62

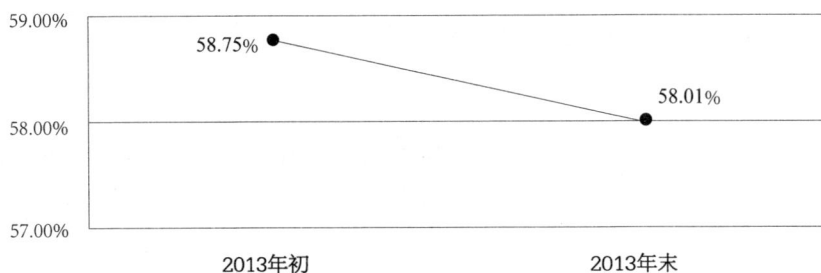

—●— 魏都公司股东权益比率

通过表9-7及图可以看出，魏都公司的股东权益比率虽然在2013年末比当年初有小幅下滑，但其股东权益比率仍为40%—60%的安全范围，意味着从股东权益比率这个指标上来看，该公司偿债能力比较健康。

3．资本周转率

所谓资本周转率，又称为净值周转率，是可变现的流动资产与长期负债的比率，反映公司清偿长期债务的能力。该指标是为了衡量企业自有（经营）资本的运用程度，即衡量企业资产管理效率的重要财务比率。资本周转率的计算公式为：

$$资本周转率 = \frac{货币资金 + 短期的投资 + 应收票据}{长期负债合计}$$

一般情况下，资本周转率越大，表明公司近期的长期偿债能力越强，债权的安全性越好。由于长期负债的偿还期限长，所以，在运用该指标分析公司的长期偿债能力时，还应充分考虑公司未来的现金流入量、经营获利能力和盈利规模的大小。

在分析企业的资本周转率时，我们要结合企业所处行业的特点，进行综合分析。比如，假如企业的资本周转率很高，但未来的发展前景不乐观，也就是说，企业未来可能的现金流入量少，经营获利能力弱，而且盈利规模小，那么，公司实际的长期偿债能力将会变弱。

接下来，我们仍以魏都公司为例，并从表9-7中抽取相应数据形成表9-8及图。

表9-8 魏都公司资产负债

编制单位：魏都公司　　　　　　　　2014年1月9日　　　　　　　　单位：万元

资产	2013年初	2013年末	负债及所有者权益	2013年初	2013年末
流动资产			**非流动负债**		
货币资金	450.00	600.00	长期借款	240.00	290.00
应收票据	180.69	113.00	应付债券	30.00	40.00
其他流动资产	50.00	50.00	长期应付款	30.00	35.00
上述三项合计	680.69	763.00	**其他非流动负债**	16.00	18.00
			非流动负债合计	316.00	383.00

—●— 魏都公司资本周转率（%）

通过表9-8及图可以看出，魏都公司2013年末的资本周转率比当年初略有下降，由于资本周转率是一个考察长期偿债能力的指标，所以，如果公司出于调整经营方向，那么，资本周转率因此而有所下降，也是可以理解的；再者，变动幅度比较微小，一般不会对企业偿债能力构成显著影响。

4．产权比率

所谓产权比率，是负债总额与所有者权益总额的比率。一般来说，产权比率可以反映股东所持股权是否过多，或者是否充分等，还可以从侧面表明企业借款经营的程度。产权比率是衡量企业长期偿债能力的指标之一，是企业财务结构稳健与否的重要标志。产权比率的计算公式为：

$$产权比率 = \frac{负债总额}{所有者权益总额}$$

通常情况下，产权比率越高，说明企业偿还长期债务的能力越弱；产权比率越低，说明企业偿还长期债务的能力越强。所以，产权比率可以用来表明由债权人提供的和由投资者提供的资金来源的相对关系。一般而言，所有者提供的资本大于借入资本为好，当然这并不是绝对的，需要视具体情况而定。

另外，产权比率还可以表明债权人投入的资本受到所有者权益保障的程度，或者说是企业清算时对债权人利益的保障程度。所以，产权比率反映了企业自有资金偿还全部债务的能力，是衡量企业负债经营是否安全有利的重要指标。一般情况下，我们认为这个指标在低于100%时，表明企业长期偿债能力较强，债权人权益保障程度较高，债权人承担的风险较小。当然，这也并非一概而论，需要结合企业的经营方针来定。

比如，当企业的资产收益率大于负债成本率时，负债经营有利于提高企业的资金收益率，这时，企业的产权比率适当高些，反倒可以给企业带来更多收益。不过，总体来说，产权比率高，是高风险、高报酬的财务结构；产权比率低，则是低风险、低报酬的财务结构。我们在进行具体分析时，一定要结合企业的经营特点。

我们接下来仍以魏都公司为例，观察该公司的产权比率，并从表9-7中引用数据形成表9-9及图。

表 9-9 魏都公司资产负债

编制单位：魏都公司   2014年1月9日   单位：万元

资产	2013年初	2013年末	负债及所有者权益	2013年初	2013年末
流动资产合计	1,050.97	1,303.62	负债合计	856.26	978.25
非流动资产合计	1,025.00	1,026.00	所有者权益合计	1,219.71	1,351.37
资产总计	2,075.97	2,329.62	负债及所有者权益总计	2,075.97	2,329.62

———— 魏都公司产权比率

通过表9-9及图可以得知，魏都公司的产权比率在2013年末比当年初略有上升。总体上来说，该公司在2013年初与年末的产权比率均小于100％，处于比较安全的偿债能力范围内。

5. 清算价值比率

所谓清算价值比率，是企业有形资产与负债的比率，该指标反映公司清偿全部债务的能力。该指标的计算公式为：

$$清算价值比率 = \frac{资产总计 - 无形及递延资产合计}{负债合计} \times 100\%$$

一般情况下，该指标值越大，表明企业的综合偿债能力越强。另外，由于有形资产的变现能力与变现价值受外部环境的影响较大，而且很难确定，所以运用该指标分析公司的综合偿债能力时，还需充分考虑有形资产的质量及市场需求情况。假如公司有形资产的变现能力差、变现价值低，那么公司的综合偿债能力就会受到不利影响。

我们继续以魏都公司为例，并引用"表9-7"的相关数据见表9-10及图。

表 9-10 魏都公司资产负债

编制单位：魏都公司　　　　　　2014年1月9日　　　　　　单位：万元

资产	2013年初	2013年末	负债及所有者权益	2013年初	2013年末
无形资产及递延资产	290.00	290.00	负债合计	856.26	978.25
资产总计	2,075.97	2,329.62	负债及所有者权益总计	2,075.97	2,329.62

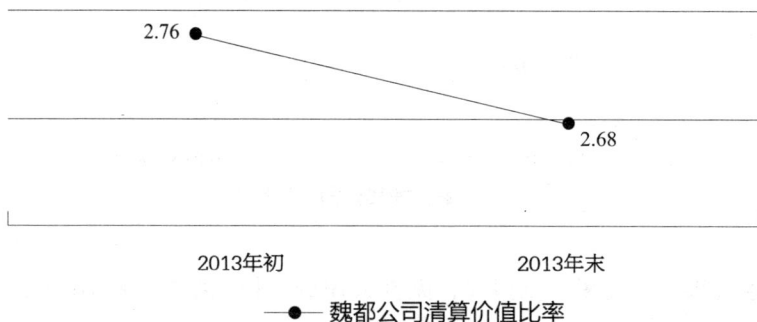

—●— 魏都公司清算价值比率

通过表9-10及图可知，魏都公司的清算价值比率在2013年末比2013年初有所下降。

6. 长期资产适合率

所谓长期资产适合率，是企业所有者权益与非流动负债之和，再除以固定资产与长期投资之和的比率。该指标从企业资源配置结构方面反映了企业的偿债能力，它的计算公式为：

$$长期资产适合率 = \frac{所有者权益总额 + 非流动负债总额}{固定资产总额 + 长期投资总额} \times 100\%$$

其中的长期投资总额，包括债权投资、其他债权投资与长期股权投资等。我们从维护企业财务结构稳定与长期安全性的角度出发，一般来说，该指标数值较高会比较好，但凡事都不能绝对，如果该指标值过高，会加重企业的融资成本。所以，从理论上来说，长期资产适合率在100%以上为宜；但在实际运用中，对于不同的企业，可以根据自身的不同情况，参照行业内的平均水平来确定。

我们接下来仍以前面的魏都公司为例，考察其长期资产适合率指标（见表9-11及图）。

表9-11 魏都公司资产负债

资产	2013年初	2013年末	负债及所有者权益	2013年初	2013年末
固定资产			非流动负债合计	316.00	383.00
			所有者权益		
固定资产原价	670.00	670.00	实收资本	800.00	800.00
减：累计折旧	20.00	40.00	资本公积	155.00	197.00
固定资产净值	650.00	630.00	盈余公积	124.71	164.00
其他长期资产——长期投资总额	15.00	16.00	未分配利润	140.00	190.37
			所有者权益合计	1,219.71	1,351.37
固定资产净额+长期投资总额	665.00	646.00	所有者权益总额+长期负债总额	1,535.71	1,734.37

编制单位：魏都公司　　　　　　2014年1月9日　　　　　　单位：万元

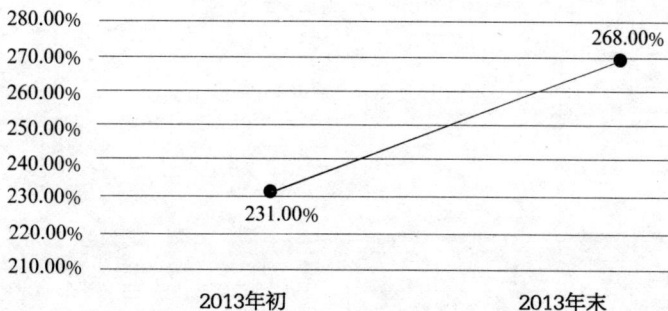

魏都公司长期资产适合率

通过表9-11及图可以看出，魏都公司的长期资产适合率均大于100％，说明其财务结构比较稳定，资产的长期安全性较好。当然，每个指标的数字还应该考虑其所处的综合环境，才能最终做出理性的评价。

综上所述，长期资产适合率从企业长期资产与长期资本的平衡性与协调性的角度出发，反映了企业财务结构的稳定程度与财务风险的大小；而且，该指标在充分反映企业偿债能力的同时，还反映了企业资金使用的合理性，以及企业是否存在盲目投资、长期资产是否挤占流动资金、负债使用是否充分等问题，这些都有利于加强企业的内部管理和外部监督，这又进一步说明，能够读懂财务报表，对企业经营管理也是非常重要的。

第十章

快速洞悉企业的发展能力

企业的发展能力，也称为成长能力，是指企业通过自身的生产经营活动，不断扩大积累而形成的发展潜能。一般情况下，企业能否健康发展，取决于多个因素，包括企业外部经营环境、内在经营质量及资源条件等。可以说，企业的发展能力在很大程度上反映了企业未来的发展前景，并将影响企业的资产规模、盈利能力、市场占有率等。

我们在分析企业的发展能力时，一般有两个思路，一个是以价值来衡量，另一个是以影响价值变动的因素来衡量。对于第一种思路，我们衡量企业发展能力的核心是企业价值的增长率，通常用净收益增长率来近似地描述企业价值的增长，而净收益增长率是指当年留存收益增长额与年初净资产的比率。

若采用第二种思路来分析企业的发展能力，那么影响企业价值增长的因素主要有：营业收入，资产规模，净资产规模，资产使用效率，净收益，股利分配。其中，股利分配是公司向股东分派股利，是企业利润分配的一部分，而且股利属于公司税后净利润分配。

在实际分析中，与企业发展能力有密切关系的指标有营业收入增长率、总资产增长率和资本积累率。我们可以通过表10-1有个宏观认识。

表10-1 企业发展能力关键指标体系

指标	概念	公式	相关报表
营业收入增长率	反映企业营业收入增长的幅度，是评价企业成长状况与发展能力的重要指标。	$营业收入增长率 = \dfrac{本年营业收入增长额}{上年营业收入} \times 100\%$	利润表
总资产增长率	反映企业本年总资产增长额同年初资产总额的比率，表示企业本期资产规模的增长情况。	$总资产增长率 = \dfrac{本年总资产增长额}{年初资产总额} \times 100\%$	资产负债表
资本积累率	反映企业本年所有者权益增长额同年初所有者权益的比率，表示企业当年资本的积累能力。	$资本积累率 = \dfrac{本年所有者权益增加额}{所有者权益年初余额} \times 100\%$	资产负债表

我们在计算上述关键指标时，需要参考财务报表中的数据，然后根据相应公式计算出其数值。所以，接下来我们对上述指标体系进行一一分析。

营业收入增长率的计算方法

通过前面的阐述，我们已经知道，所谓营业收入增长率，是企业本年营业收入增长额与上年营业额之间的比率，它直观地反映了企业营业收入的增减变动情况。其中，假如营业收入增长额为正数，说明本年营业收入相对于去年而言有所增加；假如营业收入增长额为负数，意味着本年的营业收入比去年减少；如果营业收入增长额为0，意味着本年的营业收入既没有增加，也没有减少。所以，我们只要观察营业收入增长率指标，就能知道本年营业收入额相对于去年来说，有没有进步。

为了在这里计算营业收入增长率方便，我们在这里进一步给出营业收入增长率的计算公式：

$$营业收入增长率 = \frac{本年营业收入增长额}{上年营业收入} \times 100\%$$

$$= \frac{本年营业收入额 - 上年营业收入额}{上年营业收入} \times 100\%$$

举例来说，有3家公司，它们的营业收入增长率情况见表10-2及图。

表 10-2 三家公司营业收入增长指标比较

年份	张三公司		李四公司		王五公司	
	营业额	增长率	营业额	增长率	营业额	增长率
2010	820.00	—	360.00	—	647.00	—
2011	915.50	11.65%	420.00	16.67%	735.00	13.60%

续表

年份	张三公司		李四公司		王五公司	
	营业额	增长率	营业额	增长率	营业额	增长率
2012	1,206.00	31.73%	532.00	26.67%	817.00	11.16%
2013	1,305.00	8.21%	702.00	31.95%	930.00	13.83%

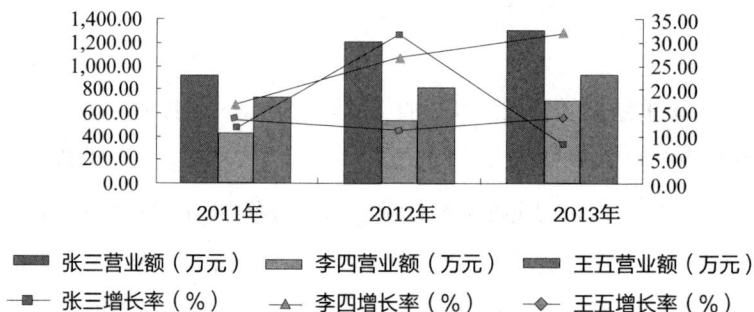

■ 张三营业额（万元） ■ 李四营业额（万元） ■ 王五营业额（万元）
■— 张三增长率（%） ▲— 李四增长率（%） ◆— 王五增长率（%）

通过表10-2及图可以看到，从营业收入增长率的角度来看，在2011年，李四公司的营业收入增长率最高，张三公司的营业收入增长率最低，王五公司的营业收入增长率居中；在2012年，张三公司增长率最高，王五公司最低，李四公司居中；在2013年，李四公司增长率最高，张三公司最低，王五公司居中。

营业收入增长率是一个相对指标，我们再结合营业收入增长额这一绝对数来看。鉴于3家公司的营业额基数不同，所以从其营业额来看，张三公司2011—2013年一直居于最高，王五公司次之，李四公司营业收入连续3年均是最少。

此外，我们还可以用平均营业收入增长率进行比较。比如说，我们计算3年营业收入平均增长率，其计算公式为：

$$3年营业收入平均增长率 = \left(\sqrt[3]{\frac{本年营业收入总额}{3年前营业收入总额}} - 1 \right) \times 100\%$$

在上述图表中，我们以3家公司在2013年的营业额为"本年营业收入总额"，这样的话，2010年营业额便为"3年前营业收入总额"，于是，我们可以得出3家公司相应的3年营业收入平均增长率见表10-3及图。

表10-3 三家公司的3年营业收入平均增长率比较

项目	张三公司	李四公司	王五公司
3年营业收入平均增长率	16.75%	24.93%	12.86%

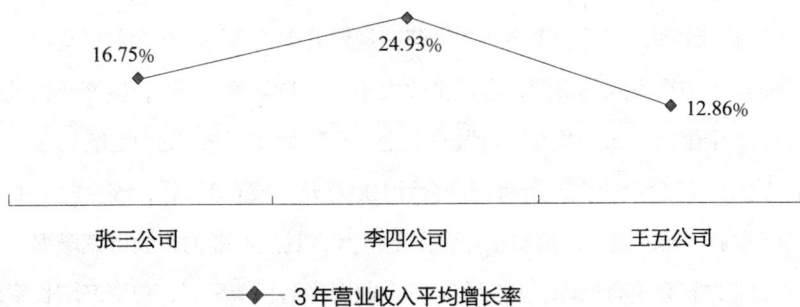

— ◆ — 3 年营业收入平均增长率

通过上面的比较可知，李四公司在3年中的营业收入平均增长率最高。虽然李四公司的营业收入绝对值2011—2013年中均是最少，但其平均发展速度较快，说明其发展潜力比较强劲。

一般情况下，企业营业收入的增长，可以充分说明企业在市场拓展方面的进步。诚然，营业额指标是重要的，但毛收入的多少并不能代表企业财富增长了多少，因为还要考虑到企业获得这个毛收入所付出的成本。所以，我们在观察企业的营业收入增长情况时，还要看一下企业的利润率指标或者获利能力指标，才能得出比较确切的认识。

分析企业的总资产增长率

所谓总资产增长率，又称为总资产扩张率，是企业本年总资产增长额同年初资产总额的比率，它反映了企业本期资产规模的增长情况。在企业经营中，资产是企业用于取得收入的资源，也是企业偿还债务的保障。所以，资产增长是企业发展的一个重要方面，发展能力强的企业一般都能保持资产的稳定增长。

比如，某企业成立时所有资产合计100万元；成立3年后，该企业的所有资产合计500万元，显然，随着企业资产的增大，其生产能力也会持续增强，企业发展的能力将会更有保障。我们在了解企业资产增长情况时，总资产增长率是一个重要的指标。关于总资产增长率的计算步骤如下：

① 本年所有者权益增加额 = 所有者权益年末余额 − 所有者权益年初余额

② 资本积累率 = $\dfrac{\text{本年所有者权益增加额}}{\text{所有者权益年初余额}} \times 100\%$

我们接下来仍通过上述案例来了解3家公司的总资产增长率情况（见表10-4及图）。

表 10-4 3家公司总资产增长指标比较

单位：万元

年份	张三公司		李四公司		王五公司	
	总资产	增长率	总资产	增长率	总资产	增长率
2010	1,650.00	—	820.00	—	1,204.00	—
2011	1,826.00	10.67%	968.00	18.05%	1,306.00	8.47%
2012	2,389.00	30.83%	1,192.00	23.14%	1,523.00	16.62%
2013	2,531.00	5.94%	1,537.00	28.94%	1,780.00	16.87%

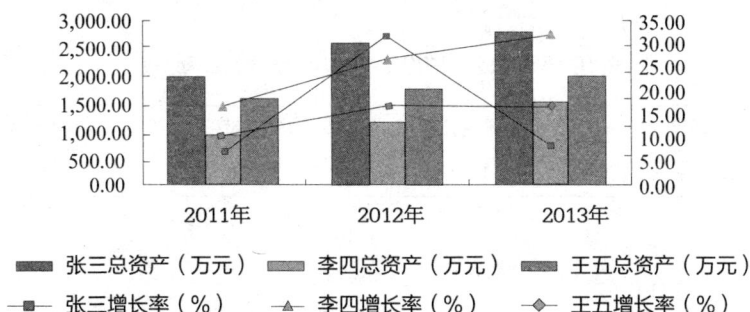

图例：
张三总资产（万元）　李四总资产（万元）　王五总资产（万元）
张三增长率（%）　　李四增长率（%）　　王五增长率（%）

通过表10-4及图可以看出，在总资产数量方面，张三公司2011—2013年一直最高，李四公司连续三年最低，王五公司连续居中。若从总资产增长率的指标来看，在2011年，李四公司总资产增长率最高，王五公司最低，张三公司居中；在2012年，张三公司的总资产增长率一跃达到最高，为30.83%，王五公司最低，李四公司居中；张三公司在2012年总资产快速增加之后，到2013年，其总资产增长速度显然慢了下来，为三家公司最低，李四公司在这一年的总资产增长率最高，王五公司居中。

整体上来看，李四公司的总资产增长率呈连续上升态势，表明其总资产数量连续增加；张三公司的总资产增长状况波动较大，王五公司的增速相对平缓。所以，我们从这张图表中可以直观地判断出李四公司虽然总资产数量相对较少，但长期保持较快的增长率，所以发展潜力最好；张三公司的总资产增长率波动较大，其发展能力有很大的不确定性；王五公司在总资产增长率方面基本保持稳定增长的趋势，发展比较平稳。

在研究企业的总资产增长率时，为了避免企业某一年增长率过快、某一年又过低，我们同样也引入平均增长率，从而避免受企业资产短期波动的影响。我们仍以3年平均总资产增长率来计算，其公式为：

$$3\ 年平均总资产增长率 = \left(\sqrt[3]{\frac{年末所有者权益总额}{3\ 年前所有者权益总额}} - 1 \right) \times 100\%$$

那么，上述3家公司的3年平均总资产增长率比较见表10-5及图。

表10-5 3家公司的3年平均总资产增长率比较

项目	张三公司	李四公司	王五公司
3年平均总资产增长率	15.33%	23.30%	13.92%

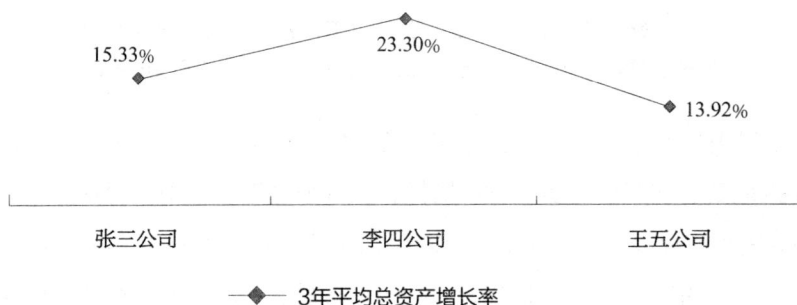

15.33% 23.30% 13.92%

张三公司　　　　李四公司　　　　王五公司

◆ 3年平均总资产增长率

　　从上述3家公司在3年平均总资产增长率指标上的表现来看，李四公司平均增长率最高，这进一步印证了我们上述对"李四公司发展潜力最大"的判断。

　　诚然，企业的发展必然带来资产规模的增大，但是企业资产的增大，不一定能为企业直接带来利用效率的提升，所以，资产只是为企业发展提供资源条件，能否充分利用资产，实现企业快速发展，仍是一个很重要的任务。因此，我们在观察企业总资产增长率时，还要看企业总资产周转指标，要看企业是否充分盘活了资产，只有这样，才能促进企业的快速、稳健发展。

企业的资本积累率分析

所谓资本积累率，又称为股东权益增长率，是指企业本年所有者权益增加额同年初所有者权益余额的比率。资本积累率表示企业当年资本的积累能力，是评价企业发展潜力的重要指标。在这里面，我们还需要了解的一个指标是企业的净资产。企业的净资产，是属企业所有，并可以自由支配的资产，也就是我们所说的"所有者权益"。

一般情况下，企业所有者权益增加，意味着可以有新的资本或留存收益进入企业，表明股东对企业的发展有信心，一定程度上可以证明企业有较强的盈利能力，这都可以反映出企业在发展。

因此，资本积累率可以表示企业当年的资本积累能力，是评价企业发展潜力的重要指标。在计算资本积累率时，相应的计算步骤为：

① 本年所有者权益增加额 = 所有者权益年末余额 − 所有者权益年初余额

② 资本积累率 = $\dfrac{\text{本年所有者权益增加额}}{\text{所有者权益年初余额}} \times 100\%$

我们接下来仍以上述3家公司为例，观察与比较它们的资本积累率（见表10-6及图）。

表10-6　3家公司资本积累指标比较

单位：万元

年份	张三公司		李四公司		王五公司	
	资本额	积累率	资本额	积累率	资本额	积累率
2010	1,009.00	——	513.00	——	817.00	——

续表

年份	张三公司		李四公司		王五公司	
	资本额	积累率	资本额	积累率	资本额	积累率
2011	1,182.00	17.15%	583.00	13.65%	938.00	14.81%
2012	1,563.00	32.23%	736.00	21.10%	1,092.00	16.42%
2013	1,775.00	13.56%	938.00	32.86%	1,279.00	17.12%

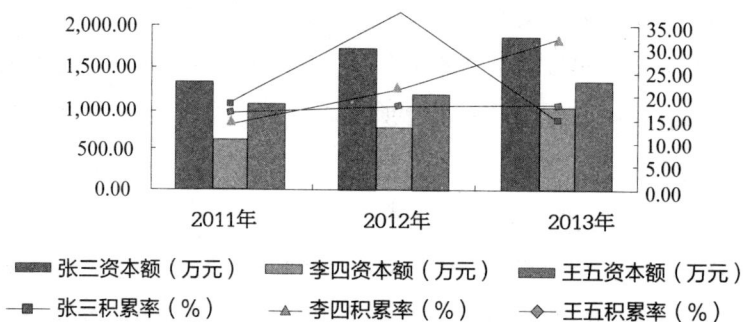

通过表10-6及图可以看出，从资本额上来看，张三公司由于基数较大，所以2011—2013年一直最大，王五公司次之，李四公司最低；若从资本积累率来看，张三公司波动最大，王五公司增长平缓，李四公司则持续快速增长。所以，李四公司的发展能力最好，王五公司发展平稳，张三公司的资本积累率震荡性较强，尤其在2012年冲刺到最高点后，急转向下，可见其发展能力存在较大的不确定性。

同样，为了剔除短期因素的影响，我们也可以求出企业在较长时间内的平均资本积累率，我们暂定以3年为期，这个平均资本积累率的计算公式为：

$$3年平均资本积累率 = \left(\sqrt[3]{\frac{年末所有者权益总额}{3年前所有者权益总额}} - 1 \right) \times 100\%$$

我们接下来计算上述3家公司的3年平均资本积累率指标，并予以比较（见表10-7及图）。

表 10-7　3家公司的3年平均资本积累率比较

项目	张三公司	李四公司	王五公司
3年平均资本积累率	20.72%	22.28%	16.11%

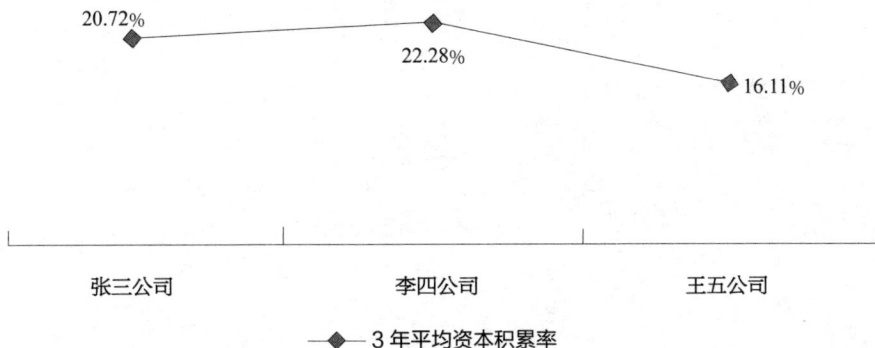

——◆—— 3 年平均资本积累率

通过表10-7及图中的数据可知，李四公司的平均资本积累率最高，印证了前面对于"李四公司发展能力最好"的结论。同时，虽然张三公司的平均资本积累高于王五公司，但根据张三公司在发展能力上的确定性，因此未必能做出"张三公司发展能力优于王五公司"的结论。可见，我们在运用这些指标判断企业的发展能力时，在运用平均指标的同时，还要紧密结合企业的实际经营状况。

那么，是不是企业的资本积累率高，就一定意味着企业的发展能力好呢？也未必。

因为资本积累率指标，可以直接反映企业净资产的增长幅度，但这种增长，究竟是来自投资者增加了对企业的投入，还是企业自身留存收益的增加？如果只是企业简单地增加投资，并非企业自身盈利逐渐增加从而使得留存收益增加，我们就不能直接判断该企业的发展能力一定就强。

所以，只有企业自身不断创造价值，使得企业的留存收益增加，而且从长远来看，这才是企业资本增长的主要因素。在这种情况下，才可以认为企业具有较好的发展能力。

下篇 财务分析高级进阶篇

通过前文对财务报表基础知识的了解，以及进行的基本分析，我们接下来了解对财务报表的高级分析，即财务综合分析的内容。所谓财务综合分析，就是将企业营运能力、偿债能力和盈利能力等方面的分析纳入一个有机的分析系统中，从而对企业财务状况、经营状况进行全面解剖和分析，并对企业经济效益做出较为准确的评价与判断。

一般来说，我们对一家企业进行综合的财务分析，需要建立一套切实可行的财务综合指标体系。我们结合前文所述的分析企业注重财务状况的指标，可以知道，这个财务综合指标体系应该具备如下特点。

（1）评价的指标要全面。

通常来说，通过分析企业的财务报表，我们需要了解企业的盈利能力、经营能力、发展能力、偿债能力等。那么，我们在设置财务综合分析的指标体系时，就需要让这个指标体系反映这些考察要求，涵盖范围要全面。

（2）主辅指标功能要匹配。

我们在进行财务分析时，要分清主次，明白不同指标的主辅地位，并能够帮助财务报表使用者从不同侧面、不同层次反映企业的财务状况，从而比较全面地揭示企业的经营业绩。

（3）满足各方面经济需求。

一般来说，财务报表的使用者是多元化的，其应用是多方面的，所以我们进行财务综合分析时，所制定的财务指标体系既要能满足企业内部管理者决策的需要，还要能够满足外部投资者和政府管理机构决策及实施宏观调控的要求。

我们接下来了解制定财务综合指标体系并进行财务综合分析的方法，同时会就一些典型案例进行阐述，从而快速掌握财务综合分析技巧，提升财务综合分析能力。

第十一章

财务综合分析
的两大方法

通常情况下，我们在进行财务综合分析的时候，主要采取两种方法，即杜邦综合分析法与沃尔综合评分法。在这两种方法的指导下，我们制定相关的财务指标体系，然后结合财务报表中的数据，从而加深对企业综合财务状况的认识。我们接下来了解这两种财务综合分析方法。

杜邦综合分析法

在财务综合分析中，杜邦分析法是比较常见的一种财务分析方法。它利用几种主要的财务比率（如利润率、总资产周转率等）之间的关系，来综合分析企业的财务状况，尤其是可以评价公司盈利能力和股东权益回报水平，长期以来一直是从财务角度评价企业绩效的一种经典方法。该分析方法最早由美国杜邦公司（Du Pont Corporation）使用，所以称为杜邦分析法。

杜邦分析法的基本思想是将企业净资产收益率逐级分解为多项财务比率乘积，因而层次感较强，而且有助于深入分析与比较企业的经营业绩。可见，在杜邦分析法中，"净资产收益率"是个非常重要的概念。

所谓净资产收益率，我们前面也有所阐述，它又可以称为"股东权益收益率"，是公司税后利润除以净资产得到的百分比率，该指标反映股东权益的收益水平，并用以衡量公司运用自有资本的效率。净资产收益率越高，说明投资带来的收益就越高。通常情况下，我们在观察一家企业时，看这家企业的生命力是否旺盛，主要便是看它的净资产收益率。

在杜邦分析法中，净资产收益率被分解为三部分进行分析，这三部分分别是营业净利率、总资产周转率和财务杠杆。这说明，企业的净资产收益率主要受营业净利率、总资产周转率和财务杠杆这三类因素影响。

根据前面的阐述，我们可以知道，营业净利率，可以表明企业的盈利能力；总资产周转率，可以表明企业的营运能力；财务杠杆，又称为融资杠杆或负债经营，一般用权益乘数衡量，可以表明企业的偿债能力。我们接下来以树形结构来描述杜邦分析法的思路（见图11-1）。

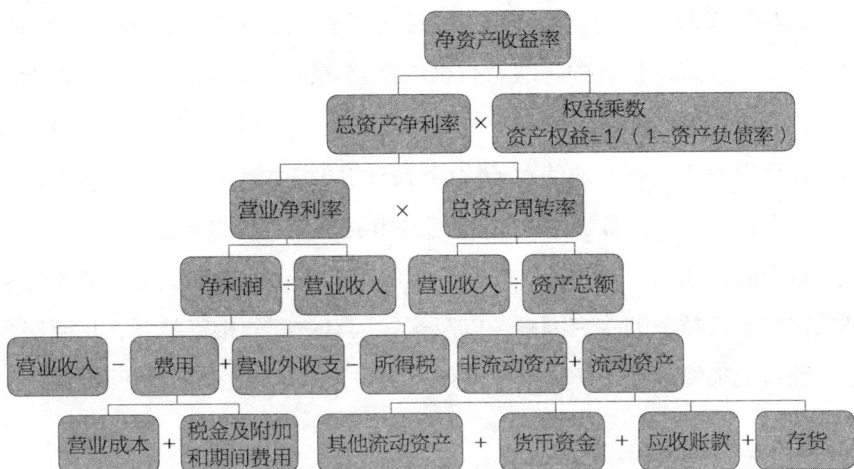

图11-1 杜邦分析法示意

通过图11-1，我们在研究一家企业的净资产收益率时，就可以逐级、分层次地找到所需要的数据，同时，可以有效参考相应的财务报表。

总体来说，净资产收益率是一个综合性最强的财务分析指标，是杜邦分析系统的核心；另外，总资产净利率是影响净资产收益率最重要的指标，也具有很强的综合性。其中，总资产净利率又取决于营业净利率和总资产周转率的高低；总资产周转率可以反映总资产的周转速度。

对资产周转率的分析，需要对影响资产周转的各因素进行分析，从而判明影响公司资产周转的主要问题在哪里；营业净利率反映营业收入的收益水平，在这里面，扩大营业收入，降低成本费用是提高企业营业利润率的根本途径，而扩大销售，同时也是提高资产周转率的必要条件和途径。

另外，权益乘数表示企业的负债程度，反映了公司利用财务杠杆进行经营活动的程度。如果资产负债率高，权益乘数就会变大，这说明公司负债程度较高，公司会有较多的杠杆利益，但风险也随之升高；反之，如果资产负债率低，权益乘数就会变小，这说明公司负债程度低，公司会有较少的杠杆利益，但相应所承担的风险也低。

所以，我们一般将杜邦分析法所生成的指标体系模型称为"杜邦模型"。在该模型中，最显著的特点就是将若干个用以评价企业经营效率和财务状况的比率，按其内在联系有机结合起来，从而形成一个完整的指标体系，并最终通过净资产收益率来综合反映。我们通过上面的杜邦分析法示意图可以看出，该方法使财务比率分析的层次更清晰、条理更突出，为报表分析者全面而仔细地了解企业的经营和盈利状况提供方便。

基于此，我们可以知道，杜邦分析法有助于企业管理层更加清晰地看到权益资本收益率的决定因素，以及这些因素之间的相互关系，从而使企业管理者更加清晰地了解资产管理效率，以及是否将股东投资回报进行了最大化。

我们在利用杜邦分析法进行财务分析时，一般采取如下步骤。

首先，从净资产收益率开始，根据相应会计资料，主要是资产负债表和利润表，来逐步分解计算各指标。

其次，将计算出的指标依次填入杜邦分析图，也就是图11-1。

最后，对于企业不同时期的会计报表数字，进行前后期纵向动态对比，还可以根据不同企业的财务报表数字进行横向对比，了解企业在行业中的排名位置。

在实际工作中，杜邦分析法得到了广泛的运用。这里面的主要原因是：杜邦分析法中最核心的指标"净资产收益率"，体现了"股东价值最大化"的思想，符合公司的理财目标，它还是股东财富增值水平最为敏感的内部财务指标；另外，使用杜邦分析法，有助于资产所有者将资产委托给经营者来代理经营，在评估经营者经营效率时，有助于资产所有者获悉经营者的工作效益，从而为调整这种委托经营关系提供基础。

当然，杜邦分析法也有一定的局限性，尤其是它仅能反映出企业财务方面的信息，难以全面反映企业的实际情况。所以，我们在采用杜邦分析法进行财务分析时，必须结合企业的其他信息加以分析。

一般而言，杜邦分析法的主要局限性包括如下方面。

（1）对短期财务结果过分重视，有可能助长公司管理层的短期行为，从而忽略企业长期的价值创造，甚至有可能引导企业采取一些急功近利的发展方法，从而为以后的长远发展带来不利。

（2）杜邦分析法中的财务指标所反映的一般是企业过去的经营业绩，这在工业时代尚能满足企业财务分析的要求；但在当今信息时代，顾客、供应商、雇员、技术创新等因素对企业经营业绩的影响越来越大，这就对企业财务数据的更新提出了更高的要求。所以，杜邦分析法在采集数据时，周期将不得不更短。

（3）企业除了有形资产，还有无形资产也在起着重要作用，比如企业的品牌、商誉等，它们甚至对企业的竞争力起至关重要的作用。而杜邦分析法显然不能解决无形资产的估价问题。

由于杜邦分析法存在上述缺陷，随着时代的发展，这些缺陷又日益突出，所以，这就要求我们在进行财务分析时，除了使用杜邦分析法，还要借助于其他有效的方法，从而使我们对企业的财务分析更加全面有效。

我们接下来通过一个案例来认识杜邦分析法在实际分析中的运用（见表11-1）。

表11-1 远方公司2012—2013年度财务数据

编制单位：远方公司　　　　　　　　　　　　　　　单位：万元

项目	2012年	2013年
一、基本财务数据		
净利润	102.84	126.53
营业收入	4,112.24	7,576.13
全部成本	4,039.67	7,367.47
资产总额	3,062.00	3,305.80
负债总额	2,056.77	2,156.60
二、财务比率		
净资产收益率	0.10%	0.11%
总资产净利率	0.03%	0.04%

续表

项目	2012年	2013年
资产负债率	0.67%	0.65%
权益乘数	3.05	2.88
营业净利率	0.03%	0.02%
总资产周转率	1.34%	2.09%

根据上述表11-1中的数据，我们可以根据杜邦分析法做出杜邦模型（见图11-2）。

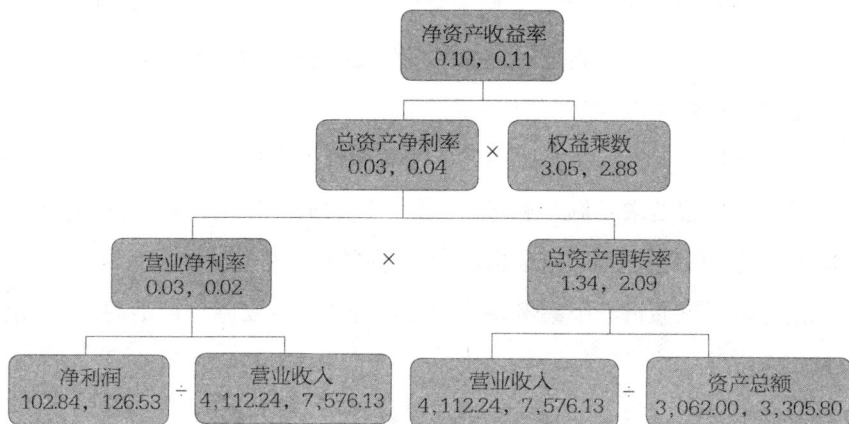

图11-2 远方公司2012—2013年度杜邦模型

注：各项目下的数据中，逗号前后分别为2012年与2013年的数据。

通过表11-1、图11-2可知，远方公司净资产收益率的改变，是由于资本结构的改变，即权益乘数下降，由原先的3.05降为2.88；同时，总资产净利率和成本控制也出现变动，最终使得净资产收益率变动。

在杜邦模型中，在总资产净利率下面又有营业净利率与总资产周转率。我们可以看到，相比于2012年，远方公司2013年的总资产周转率有所提高，说明资产的利用得到了比较好的控制，显示出比前一年较好的效果，表明该公司利用其总资产产生营业收入的效率在增加。

然而，在总资产周转率提高的同时，营业净利率的减少阻碍了总资产净利率的增加。那么，是什么原因出现这样的情况呢？我们继续沿着杜邦模型的框架来看，可以发现该公司2013年大幅度提高了营业收入，但是净利润的提高幅度却很小，我们再结合表11-1可以看到，该公司的总成本也有了大幅度增加，如从4,039.67万元增加到7,367.47万元，这使得该公司的净利润下降。

至此，我们可以知道，远方公司需要在缩减运营成本方面做出努力，才能够确保在营业收入增加的时候，营业净利率也能够随之增长。这样的话，通过杜邦模型中的指标变动，便为企业经营指明了方向。

也就是说，导致该公司净资产收益率上涨幅度小的主要原因，是企业运营的总成本过大。另外，该公司的权益乘数在2013年度下降，说明企业的负债程度降低，偿还债务的能力增强。同时，这个指标也反映了财务杠杆对利润水平的影响。实际上，财务杠杆具有正反两方面的作用。

比如说，在收益较好的年度，财务杠杆可以使股东获得的潜在报酬增加，但股东要承担因负债增加而引起的风险；在收益不好的年度，它可能使股东潜在的报酬下降。我们可以看出，该公司的权益乘数连续处于2—5，亦即负债率为50%—80%，属于激进战略型企业。这种情况下，企业管理者应该准确把握公司所处的环境，准确预测利润，合理控制负债带来的风险。

总体来说，远方公司当前最为重要的就是要努力减少各项成本，同时还要保持自己较高的总资产周转率。这样的话，可以使营业利润率得到提高，进而使总资产净利率也有大的提升。

综上所述，杜邦分析法以净资产收益率为主线，将企业在某一时期的经营成果以及资产营运状况全面联系在一起，并层层分解，逐步深入，从而构成一个完整的分析体系。在实际运用中，它能较好地帮助管理者发现企业财务和经营管理中存在的问题，为企业经营者提供十分有价值的信息。

当然，在实际运用中，杜邦分析法毕竟只是财务分析方法中的一种，作为一种综合分析方法，杜邦分析法并不排斥其他财务分析方法，如果能与其他分析方法结合运用，有助于使得分析结果更完整、更科学。

沃尔综合评分法

我们在进行财务分析时，只要依据相应财务报表中的数据及公式，便可以计算出各种财务比率。那么，这些比率代表什么样的含义？如何判断一个比率是高还是低，是优还是劣？如果要回答这些问题，我们在进行财务报表分析时，就需要用到沃尔综合评分法。那么，什么是沃尔综合评分法呢？

沃尔是一位著名的美国经济学家，他在1928年出版的《信用晴雨表研究》和《财务报表比率分析》中，提出了信用能力指数的概念，还选择了7个财务比率，并给定这些财务比率指标的比重，并以行业平均数为基础，确定了相应的标准比率，然后将实际比率与标准比率相比，得出相对比率，将此相对比率与各指标比重相乘，便得出了总评分。

这7个财务比率分别是流动比率、产权比率、固定资产比率、存货周转率、应收账款周转率、固定资产周转率和自有资金周转率。在这些比率的基础上，沃尔提出了一套完整的综合比率评价体系，把若干个财务比率用线性关系结合起来，以此来评价企业的财务状况。于是，人们逐渐把沃尔提出的这种分析方法称为"沃尔综合评分法"，也称为"沃尔评分法"。

由此可见，沃尔评分法是将选定的财务比率用线性关系结合起来，并分别给定各自的分数比重，然后通过与标准比率进行比较，确定各项指标的得分及总体指标的累计分数，从而对企业的信用水平做出评价的方法。现在在运用沃尔评分法时，一般会依据如下步骤进行。

1. 选择评价指标并分配指标权重。

一般情况下，我们通过对一家企业的财务报表进行分析，主要需了解它的这些经营状况：盈利能力、偿债能力、发展能力等。

现在使用的沃尔评分法共选用了10个财务指标，企业盈利能力的指标主要有总资产净利率、营业净利率、净资产收益率；企业偿债能力的指标主要有股东权益比率、流动比率、应收账款周转率、存货周转率；企业发展能力的指标主要有营业收入增长率、净利增长率、资产增长率。

在进行评分的时候，我们按照它们的重要程度确定各项比率指标的评分值，拟定总评分值为100，重要性高的指标，其分值相应的也会高。在分值分配上，企业的盈利能力、偿债能力与发展能力之间约为5：3：2；其中，盈利能力的3个指标间的比例约为2：2：1，偿债能力和发展能力中的各项具体指标的重要性大体相当。

2. 确定各项比率指标的标准值，也就是说，确定各项指标在企业现时条件下的最优值。

3. 计算企业在一定时期内各项比率指标的实际值，根据前面章节的学习，我们已经知道各项比率指标的计算公式，如下所示：

（1）盈利能力各项指标计算公式

① 总资产净利率=净利润÷资产总额×100%

② 营业净利率=净利润÷销售收入×100%

③ 净资产收益率=净利润÷净资产×100%

（2）偿债能力各项指标计算公式

① 股东权益比率=净资产÷资产总额×100%

② 流动比率=流动资产÷流动负债

③ 应收账款周转率=营业收入÷平均应收账款余额

④ 存货周转率=营业成本÷平均存货成本

（3）发展能力各项指标计算公式

① 营业收入增长率=营业收入增长额÷基期营业额×100%

② 净利增长率=净利增加额÷基期净利×100%

③ 总资产增长率=资产增加额÷基期资产总额×100%

4. 形成评价结果。

在这里，我们需要用到一个沃尔比重评分法的计算公式，如下所示：

实际分数 = 实际值÷标准值×权重

当"实际值＞标准值"为理想时，此公式正确；若当"实际值＜标准值"为理想时，意味着实际值越小得分应越高，那么用上面公式计算出的结果就会恰恰相反。当然，当某一单项指标的实际值畸高时，会导致最后的总分大幅度增加，这种掩盖情况不良的指标，往往会给管理者造成一种假象。

另外，沃尔评分法所得到的综合得分会有如下计算公式：

综合得分 = 评分值×关系比率

总体来说，沃尔评分法最主要的贡献，就是将互不关联的财务指标按照权重予以综合联动，从而使得对一家企业的财务状况进行综合评价成为可能。当然，正像我们上面所提到的，沃尔评分法从技术上来说也存在一个问题，那就是当一个指标严重异常时，会对总评分产生不合逻辑的影响。这主要是由财务比率与其比重相"乘"引起的。比如说，财务比率提高一倍，评分就会增加100%；而缩小一倍，其评分却只减少50%。

为了规避这种不足，人们对沃尔评分法进行了改进，包括将财务比率的标准值由企业最优值调整为本行业平均值，并且设定评分值的上限（正常值的1.50倍）和下限（正常值的一半）。在对沃尔评分法进行了改进后，其对应的计算公式为：

综合得分＝评分值＋调整分

调整分＝（实际比率－标准比率）÷每分比率

每分比率＝（行业最高比率－标准比率）÷（最高评分－评分值）

我们接下来举一个涉及7个财务比率的沃尔评分法案例来进一步认识沃尔评分法（见表11-2及图）。

表11-2 龙凤公司2013年度沃尔评分分析

财务比率	比重	标准比率	实际比率	相对比率	综合系数
	①	②	③	④=③÷②	⑤=①×④
流动比率	25.00	1.09	1.18	1.08	26.99
产权比率	25.00	1.50	0.72	0.48	11.96
固定资产比率	15.00	2.50	8.68	3.47	52.10
存货周转率	10.00	6.40	13.25	2.07	20.70
应收账款周转率	10.00	12.30	38.36	3.12	31.19
固定资产周转率	10.00	4.00	12.18	3.05	30.45
自有资金周转率	5.00	3.00	3.25	1.08	5.42
合计	100.00				178.81

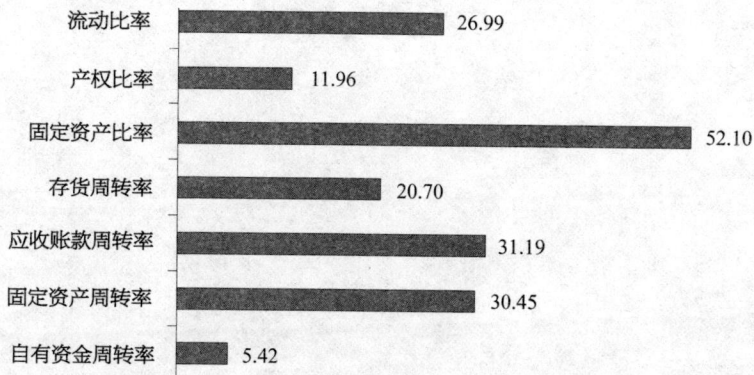

流动比率 26.99
产权比率 11.96
固定资产比率 52.10
存货周转率 20.70
应收账款周转率 31.19
固定资产周转率 30.45
自有资金周转率 5.42

■ 龙凤公司2013年度沃尔评分法得分情况

通过观察表11-2及图，我们可以发现，龙凤公司2013年度的沃尔评分综合系数为178.81，其中固定资产比率对综合系数贡献最大。当然，我们在看待这些数值时，还要与行业情况，以及自身纵向发展情况进行比较，考虑到企业所处的实际情况，才能对这些数字的实际意义有个理性认识。

第十二章

典型案例回放与分析

　　在系统地学习了前面的财务报表知识与分析方法后，我们接下来列举一些具体的案例，从而加深对财务分析技能的运用。增强对财务报表的分析能力，会更有助于我们对经济状况的认识，从而有益于我们做出客观而理性的决策。

A公司财务综合分析

1. 公司情况介绍

A公司的主营业务涉及电器、电子、通信设备制造及相关配件制造，其中空调和冰箱是该公司的主要产品，这些产品的销售收入构成A公司收入的主要来源，并占到A公司主营业务收入的80%以上。

A公司的产品在国内市场占有率长期稳居同行业之首，在国外也占有比较大的市场份额，其冰箱在全球冰箱品牌市场中的占有率长期名列前茅。

接下来，我们结合A公司的财务报表，对该公司的各项能力进行分析。

2. 财务分析

（1）盈利能力分析

根据A公司财务报表中的会计数据，我们绘制表12–1及图。

表 12-1 A公司2010—2013年度盈利能力

财务指标	总资产净利率		净资产收益率		营业毛利率		净利润（万元）	
	数据	增长率	数据	增长率	数据	增长率	数据	增长率
2010年	3.53%	—	4.27%	—	11.76%	—	2,3912.66	—
2011年	3.70%	4.82%	5.43%	27.17%	14.04%	19.39%	3,1391.37	31.28%
2012年	5.75%	55.41%	10.20%	87.85%	19.01%	35.40%	6,4363.20	105.03%
2013年	6.28%	9.22%	11.35%	11.18%	23.13%	21.67%	7,6817.81	19.35%

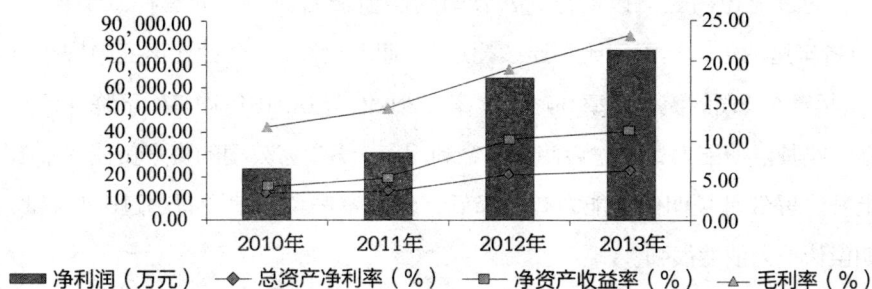

净利润（万元）　◆　总资产净利率（%）　■　净资产收益率（%）　△　毛利率（%）

通过表12-1及图可以看到，A公司从2010年到2013年的盈利能力持续上升，尤其是2012年上升较快。在2012年，A公司的净利润一跃升至64,363.20万元，增长率达到105.03%；毛利率一跃升到19.01%，增长率达到35.4%。

（2）偿债能力分析（见表12-2及图）

表12-2 A公司2010—2013年度偿债能力

财务指标	流动比率		速动比率		资产负债率		有形净值负债率	
	数据	增长率	数据	增长率	数据	增长率	数据	增长率
2010年	5.33	—	4.11	—	10.67%	—	13%	—
2011年	2.65	-50.28%	2.01	-51.09%	25.33%	137.39%	38%	188.14%
2012年	1.93	-27.17%	1.20	-40.30%	36.94%	45.83%	60%	58.82%
2013年	1.77	-8.29%	1.35	12.50%	37.03%	0.24%	60%	0.10%

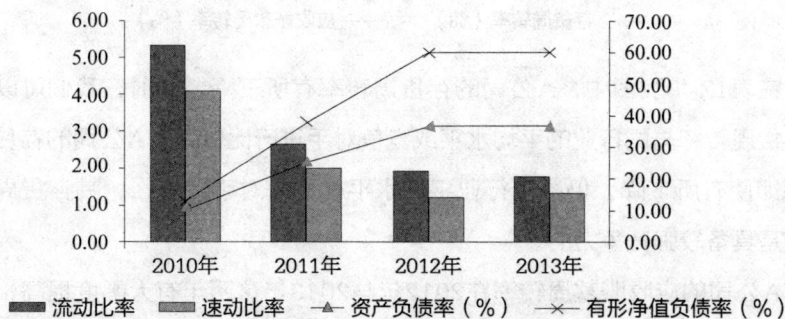

流动比率　速动比率　△　资产负债率（%）　×　有形净值负债率（%）

通过上述图表可以看出，A公司的偿债能力很强，尤其在2010年与2011年这两年，其流动比率连续超过2；速动比率在4个会计年度内均超过1。尽管A公司的流动比率与速动比率在2012年与2013年均有所下降，但并不影响其偿债能力，同时会使其资金利用率上升。A公司的资产负债率不断上升，导致其长期偿债能力有所降低，但是资产负债率没有超过50%，长期偿债能力依然很强。

（3）经营效率分析（见表12-3及图）

表12-3 A公司2010—2013年度经营效率

财务指标	总资产周转率		存货周转率		存货周转天数		应收账款周转率	
	数据	增长率	数据	增长率	数据	增长率	数据	增长率
2010年	2.38	—	16.85	—	21.37	—	16.76	—
2011年	2.57	7.98%	15.15	−10.09%	32.76	11.18%	16.47	−1.73%
2012年	3.00	16.73%	11.16	−26.34%	32.25	35.73%	30.24	83.61%
2013年	2.60	−13.33%	9.78	−12.37%	36.82	14.17%	44.28	46.43%

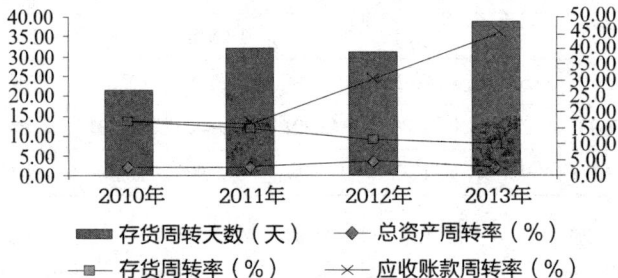

在表12-3及图中，A公司的存货周转率有所下降，此时，我们可以将其存货周转率与同行业的平均水平或竞争对手进行比较，若A公司的存货周转率即使有所下降，仍高于行业平均水平或竞争对手，那么，其存货周转率仍是具备较强竞争力的。

A公司的应收账款周转率在2012年与2013年这两年有大幅度提高，可见其现金流状况得到改善；A公司的总资产周转率比较稳定，我们也可以将该指标与同行业的其他企业进行比较，从而判断该指标值的优劣。

（4）现金流状况分析（见表12-4及图）

表12-4 A公司2010—2013年度现金流状况

单位：万元

财务指标	现金流动负债比率		现金债务总额比率		销售现金比率		经营现金净流量	
	数据	增长率	数据	增长率	数据	增长率	数据	增长率
2010年	64.84%	—	64.72%	—	2.83%	—	46,795.35	—
2011年	58.39%	−9.95%	57.30%	−11.46%	6.27%	121.55%	123,016.26	162.88%
2012年	31.68%	−45.74%	30.71%	−46.06%	3.34%	−46.73%	127,885.26	3.96%
2013年	29.65%	−6.41%	29.09%	−5.89%	4.33%	29.64%	131,758.96	3.03%

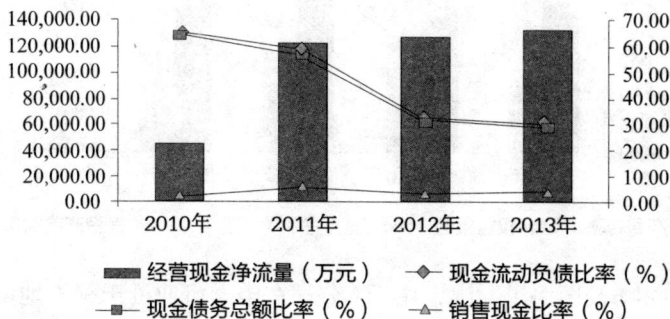

通过观察表12-4及图可知，A公司的现金流动负债比率不断下降，一方面说明该公司短期偿债能力下降，另一方面说明其资金利用率下降。另外，我们还应将这些指标值与行业水平进行比较，如果A公司的指标值在下降后仍高于行业平均水平，那么可以认为该公司的现金流情况对投资者仍是一个利好消息，不会出现财务风险。另外，销售现金比率的上升说明现金回收率较好，这与前面分析的应收账款周转率上升是相呼应的。

3．A公司收益、成本综合分析

（1）杜邦综合分析（见表12-5及图）

表 12-5 A公司2010—2013年度杜邦综合分析

财务指标	营业净利率		总资产周转率		权益乘数		净资产收益率	
	数据	增长率	数据	增长率	数据	增长率	数据	增长率
2010年	1.60%	—	2.38	—	1.12	—	0.04	—
2011年	1.58%	−1.25%	2.57	7.98	1.34	19.64%	0.05	20.14%
2012年	2.14%	35.44%	3.00	16.73	1.59	18.66%	0.10	98.83%
2013年	2.74%	28.04%	2.60	−13.33	1.59	0.00%	0.11	11.18%

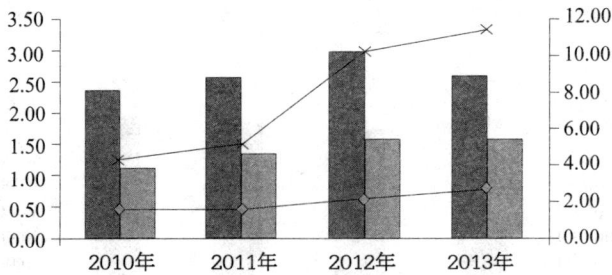

从表12-5及图可以看出，由于A公司在电器行业处于领先地位，所以无论是营业净利率，还是总资产周转率，在行业内均处于较高的水平；为了便于比较，我们再对A公司的一家竞争对手B公司进行相应分析（见表12-6及图）。

表 12-6 B公司2010—2013年度杜邦综合分析

财务指标	营业净利率		总资产周转率		权益乘数		净资产收益率	
	数据	增长率	数据	增长率	数据	增长率	数据	增长率
2010年	0.95%	—	2.05	—	2.10	—	0.04	—
2011年	1.17%	23.16%	2.16	5.37	1.86	−11.43%	0.05	15.40%
2012年	2.34%	14.53%	2.54	17.59%	2.13	14.52%	0.07	53.60%
2013年	1.80%	34.33%	2.20	−13.39%	1.92	−9.86%	0.08	4.83%

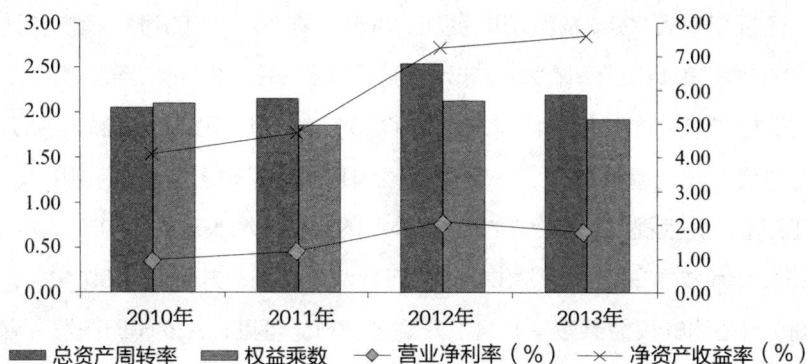

我们在比较A公司与B公司的权益乘数后会发现，B公司的权益乘数明显高于A公司同期的数值，可见，B公司对财务杠杆运用得更为充分，资金利用率更高些。

（2）可持续增长率分析（见表12-7及图）

表 12-7 A公司2010—2013年度可持续增长率因素分解

财务指标	营业净利率		总资产周转率		权益乘数		留存比率		可持续增长率
	数据	增长率	数据	增长率	数据	增长率	数据	增长率	
2010年	1.60%	—	2.38	—	1.12	—	-0.50	—	-2.09%
2011年	1.58%	-1.25%	2.57	7.98%	1.34	19.64%	0.62	-224.00%	3.49%
2012年	2.14%	35.44%	3.00	16.73%	1.59	18.66%	1.00	61.29%	11.37%
2013年	2.74%	28.04%	2.60	-13.33%	1.59	0.00%	1.00	0.00%	12.77%

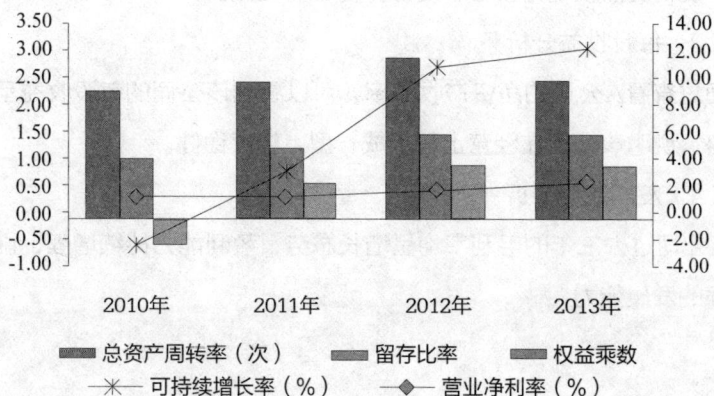

通过观察表12-7及图可以发现，A公司在2010年的可持续增长比率为-2.09%，表明该公司在2011年可支持的增长率是-2.09%，而实际上，A公司的总资产周转率在2011年却增长了7.98%，通过观察图表可知，A公司取得总资产周转率的提升，一个重要原因是发挥了财务杠杆的作用，但财务杠杆不能无限提高；在2011年，A公司的可持续增长率为3.49%，表明其在2012年可支持的增长率是3.49%，而其营业净利率却增长了35.44%，这期间，A公司的权益乘数从1.34上升到了1.59，可见，A公司仍在发挥财务杠杆的作用；A公司2012年的可持续增长率是11.37%，这期间，A公司的财务杠杆没有变化，仍是1.59，但其营业净利率却上升了28.04%。

4. 总体评价、结论与建议

（1）资本结构分析

总体来看，A公司的资本结构属于低负债、低风险；因此，A公司的回报水平也不高，在同行业中（与B公司相比）处于中等水平，这说明公司可以适当增加债务水平，以便筹集更多的资金，从而扩大企业规模，或者向一些高利润、高风险的产业适当做一些投资，以提高股东回报率。

（2）经营资本分析

从2010—2013年来看，A公司的存货周转率有下降趋势，但下降幅度不大；应收账款周转率有上升趋势。总体来看，A公司的经营资金比较充足；短期债务数额与现金储备基本持平，公司不需要从银行信贷即可维持运营，说明其偿债能力较强，财务弹性还可提高。

（3）每股收益分析

通过查看A公司的净资产收益率，可以看到该公司的每股收益呈连续上升趋势，说明该公司在经营上属于成长型，经营稳健。

（4）发展能力分析

A公司过去三年的毛利率均呈增长态势，盈利能力持续增强，说明其具备较强的发展能力。

C公司利润综合分析

我们在观察一家公司的财务报表时，一般会格外关注该公司的利润增减情况。诚然，一家公司在盈利方面若没有出色的表现，那么该公司的发展前途必然难以乐观；同时，如果企业处于盈利状态，那么，这种盈利是否健康，是否具有可持续性？这便是我们接下来要研究的问题。

所以，我们从利润形成的角度，观察利润额的变动情况，从而揭示企业在利润形成过程中的管理业绩及存在的问题。我们对企业利润的分析包括这些方面：净利润变动分析；利润总额变动分析；营业利润变动分析。

我们在下面以C公司的利润变动情况为例进行分析（见表12-8及图）。

表12-8 C公司2012—2013年度利润额变动情况

项目	利润总额（千元）			减：所得税费用（千元）			净利润（千元）		
	数额	增减额	增减率	数额	增减额	增减率	数额	增减额	增减率
2012年	32,250.00	—	—	-1,496.00	—	—	33,746	—	—
2013年	167,544.00	135,294.00	419.52%	50,360.00	51,856.00	3,466.31%	117,184.00	83,438.00	247.25%

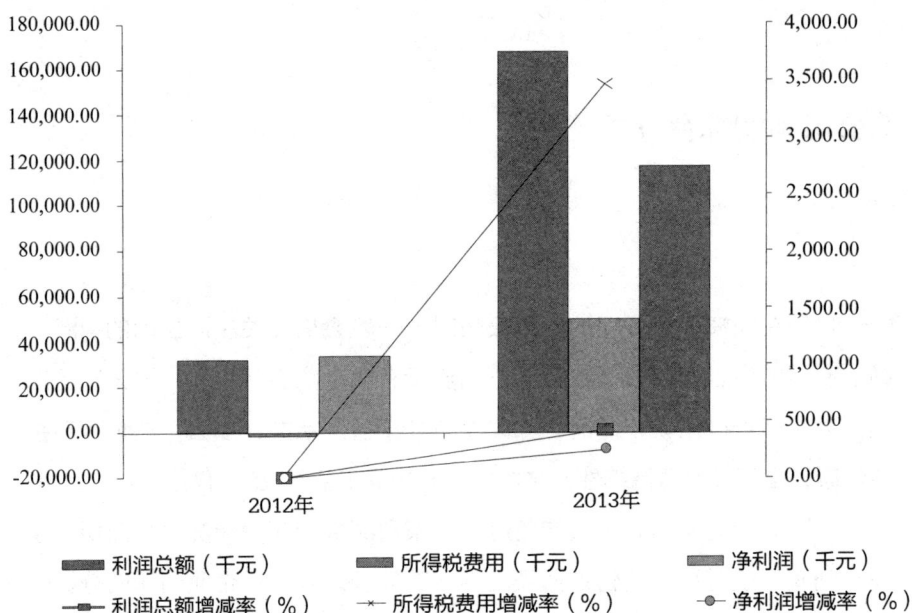

图例：
- 利润总额（千元）
- 所得税费用（千元）
- 净利润（千元）
- 利润总额增减率（%）
- 所得税费用增减率（%）
- 净利润增减率（%）

1. 净利润分析

通过表12-8及图可以看出，C公司在2013年度实现净利润"117,184千元"，比上年增长了"83,438千元"，增长率达到247.25%，增长幅度较高；另外，我们还可以看到，C公司净利润增长主要是由利润总额比上年有大幅增长引起；由于C公司的所得税在2013年度比上年增长"51,856千元"，可知C公司扭亏为盈，随着利润增加，所得税总额也随之增加。

2. 利润总额分析

接下来，我们再对C公司的利润总额变动情况进行分析（见表12-9及图）。

表12-9 C公司2012—2013年度利润总额变动情况

项目	营业利润（千元）			加：营业外收入（千元）		
	数额	增减额	增减率	数额	增减额	增减率
2012年	31,399.00	—	—	2,253.00	—	—
2013年	57,000.00	25,601.00	81.53%	113,903.00	111,650.00	4,955.61%

项目	减：营业外支出（千元）			利润总额（千元）		
	数额	增减额	增减率	数额	增减额	增减率
2012年	1,402.00	—	—	32,250.00	—	—
2013年	3,359.00	1,957.00	139.59%	167,544.00	83,438.00	247.25%

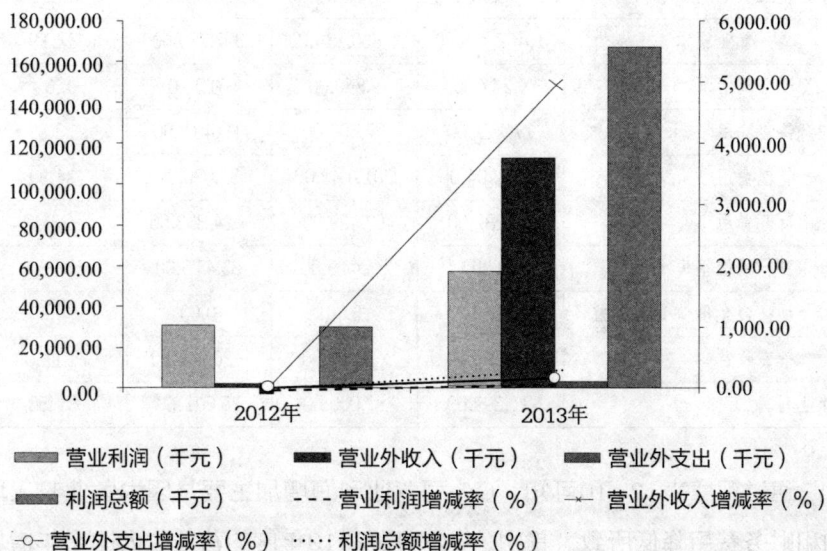

通过观察表12-9及图可知，C公司的利润总额在2013年度比2012年度增长"83,438千元"，其中的关键原因是公司营业外收入有了大幅增长，增长额为"111,650千元"，增长率为4,955.61%；同时，C公司的营业利润出现大幅增长，也是导致利润总额增长的有利因素，营业利润的增长额为"25,601千元"，增长率为81.53%。另外，由于营业外支出也随之增长，使得利润总额减少了"1,957千元"。但总体来说，C公司的利润总额有了较大幅度的增长。

不过，由于引起利润总额变动的最主要原因是营业外收入猛增，而不是营业利润的增长，或者说，营业外收入的增长幅度与绝对额均超过了营业利润，这对能否确保公司利润总额的持续增长，显然有较大的不确定性。

3. 营业利润分析

我们接下来再对C公司的营业利润进行分析（见表12-10）。

表 12-10　C公司2012—2013年度营业利润变动情况

项目（单位：千元）	2012年度	2013年度	增减额	增减率（%）
营业收入	1,798,408.00	2,316,444.00	518,036.00	28.81
减：营业成本	1,462,935.00	1,860,734.00	397,799.00	27.19
税金及附加	9,247.00	9,860.00	613.00	6.63
销售费用	77,122.00	87,603.00	10,481.00	13.59
管理费用	149,104.00	201,140.00	52,036.00	34.90
财务费用	87,287.00	62,429.00	−24,858.00	−28.48
资产减值损失	0.00	35,419.00	35,419.00	——
加：公允价值变动收益	0.00	0.00	0.00	——
投资收益	18,686.00	−2,259.00	−20,945.00	−112.09
营业利润	31,399.00	57,000.00	25,601.00	81.53

通过观察表12-10可知，C公司营业利润增加主要是因为营业收入增加和财务费用降低所致。其中，C公司在2013年度的营业收入比上年增加

518,036千元，增长率为28.81%。假定我们又看了C公司财务报表的附注，发现该公司营业收入大幅增长的主要原因是C公司不断调整产品结构，满足市场需求，增加产量，从而使得主营业务收入大幅上升；财务费用显著降低，使得营业利润增加24,858千元；同时，由于营业成本、税金及附加、销售费用、管理费用、资产减值损失的增加，以及投资净收益的大幅度下降等因素，又在一定程度上减少了营业利润。总之，加项与减项相抵，使得营业利润增加25,601千元，增长率为81.53%。

4．利润结构变动分析

我们接下来再对C公司的利润结构进行分析。在分析的时候，为便于理解和描述，我们将利润表转换成结构百分比报表的形式，以营业收入为100%，计算利润表的各项目占收入的比重。通过对企业利润结构进行分析，我们来认识企业财务成果的结构及其增减变动的合理程度。具体分析见表12-11。

表 12-11 C公司2012—2013年度利润结构变动情况

项目	2012年（%）	2013年（%）	变动差异（%）
一、营业收入	100.00	100.00	
减：营业成本	81.35	80.33	-1.02
税金及附加	0.51	0.43	-0.08
销售费用	4.29	3.78	-0.51
管理费用	8.29	8.68	0.39
财务费用	4.85	2.70	-2.15
资产减值损失	0.00	1.53	1.53
加：公允价值变动收益	0.00	0.00	0.00
投资收益	1.04	-0.10	-1.14
二、营业利润	1.75	2.46	0.71
加：营业外收入	0.13	4.92	4.79
减：营业外支出	0.08	0.15	0.07

项目	2012年（%）	2013年（%）	变动差异（%）
三、利润总额	1.79	7.23	5.44
减：所得税	-0.08	2.17	2.25
四、净利润	1.88	5.06	3.18

通过表12-11可以发现，C公司2013年度的营业利润占当年营业收入的比重为2.46%，比上年度增加0.71%；C公司2013年度利润总额的比重为7.23%，比上年度增长了5.44%；C公司2013年度净利润的比重为5.06%，比上年度增长3.18%。

从C公司的利润构成上来看，其盈利能力比上年度有所增强。我们再进一步分析各项财务指标增长的原因，从营业利润的增长结构上来看，主要是营业成本、税金及附加、销售费用和财务费用下降所致，说明营业成本及税金和财务费用下降是提高营业利润比重的根本原因。此外，C公司利润结构增长的主要原因，除了营业支出下降外，还在于营业外收入比重的大幅提高；C公司的投资净收益比重下降，管理费用、资产减值损失、营业外支出和所得税比重的提高，对营业利润、利润总额乃至净利润结构都带来一定不利影响。

因此，通过对企业的财务报表进行分析，我们不仅可以形成宏观认识，还可以从微观的角度上研究企业的财务结构，从而实现对企业财务状况的理性认识。不同的财务报表使用者，比如企业经营管理者、投资者、股民、企业财务人员等，都可以从财务报表分析中获得自己想要的信息。

E公司财务综合分析

1. E公司背景介绍

E公司成立于2005年，主营业务是服装产品。每年春秋两季是E公司的营业旺季，这两季的营业额约占公司全年销售额的60％。为了配合业务需要，E公司采用季节性生产方式进行生产。

2011年，E公司聘请Vector来担任CEO。Vector到任后不久，便废除公司原有的季节性生产方式，改为全年生产。另外，由于E公司过去常将大笔周转资金存入当地一家商业银行，所以该银行希望同E公司建立持久的合作关系；同时，E公司也同意将公司的流动资金存入该银行，但在不影响公司营运的前提下，可移动部分资金作为其他用途。

在采取上述措施后，Vector发现，每当季节性旺季来临时，E公司就必须以短期贷款的方式向银行融通购买布料所需的资金。虽然银行同意授予E公司440万元的信用额度，但在贷款协议上须注明：第一，E公司要在每个会计年度后，还清所有贷款，否则，在下个营业旺季来临前，E公司不得再借新款；第二，每年初，若E公司已如期还清上年贷款，银行将440万元信用额度自动延展到下一会计年度供E公司使用。

2013年6月，E公司开始生产下半年度秋装，并动用了432万元信用额度；当年8月，秋装全部生产完毕，而春装生产计划正在拟订中。Vector知道，须先将目前的432万元贷款还清后，才能顺利贷到下笔款项，以融通春装生产所需的资金。

在2012年以前，E公司一直可以顺利地将存货与应收账款转换成现金，并在每年12月31日还款期限截止前，还清全部的银行贷款。而在2012年和

2013年这两个会计年度，E公司却无法如期还款（见表12-12）。

E公司在2013年秋季销售结束后，尚有相当多的存货，结果，截至2013年12月31日，E公司仅能偿还432万元银行贷款中的一小部分，即40万元。同时，E公司在支付应收账款方面也出现困难。Vector认为，由于公司无法设计出能迎合潮流的新款秋装，才使得销售旺季远不如前，以至于出现这些财务问题。

因为E公司在2013年秋季的销售状况不佳，便只好靠发行新股来筹措资金还款。Vector还动用部分股金还清了银行贷款，同时支付了一些已过期的应付账款。但Vector希望商业银行能将E公司的信用额度提高至600万元，以便使用额外的160万元支付一些即将到期的应付账款。

对此，商业银行表示同意，并指派该行信贷部经理Davy到E公司商讨该事宜。Davy仔细分析了E公司近三年的财务情况后，发现E公司在2013年秋季存在如下问题：

虽然E公司的总资产逐年增加，但利润率在逐年下降；

E公司从未利用过供应商提供给该公司的优惠措施，比如，一次性采购到一定数量，可以享受价格上打折，或者付款快捷，可以享受价格上的优惠等措施。

对此，Vector指出，由于对商情判断失误，使E公司在2013年秋季的销售受挫，各种问题也应运而生。为此，E公司调整了人事。而Davy认为，虽然E公司营业额下降可能会造成营运资金周转不畅现象，但主要问题仍是由于近几年来E公司的资产扩充过快造成的。

Davy指出，E公司最近动用了200万元购买设备，这便是造成公司现金短缺的一个重要原因。最后，Davy告诉Vector，他会在调研结束后的一个星期内，决定是否要提供160万元的额外信用额度给E公司。

我们接下来先看E公司的相应财务报表及数据（见表12-12、表12-13、表12-14）。

表 12-12 E公司2011—2013年度资产负债状况

单位：万元

资产	2011年度	2012年度	2013年度	负债及所有者权益	2011年度	2012年度	2013年度
流动资产				银行借款	—	1,560.00	3,920.00
现金	880.00	560.00	480.00	应付账款	2,400.00	3,600.00	7,400.00
应收账款	3,600.00	4,000.00	5,200.00	应付职工薪酬	600.00	780.00	1,000.00
存货	4,200.00	7,200.00	12,000.00	应交税费	120.00	112.00	264.00
流动资产合计	8,680.00	11,760.00	17,680.00	流动负债合计	3,120.00	6,052.00	12,584.00
非流动资产				长期借款	680.00	640.00	600.00
固定资产	3,180.00	3,992.00	5,884.00	股本	3,000.00	3,000.00	3,000.00
长期投资	—	—	—	资本公积	2,400.00	2,400.00	2,400.00
非流动资产合计	3,180.00	3,992.00	5,884.00	留存收益	2,660.00	3,660.00	4,980.00
资产总计	11,860.00	15,752.00	23,564.00	负债与权益合计	11,860.00	15,752.00	23,564.00

表 12-13 E公司2011—2013年度损益状况

单位：万元

项目	2011年度	2012年度	2013年度
营业收入	39,000.00	40,520.00	40,800.00
营业成本	31,760.00	32,600.00	32,960.00
营业毛利	7,240.00	7,920.00	7,880.00
销售费用	3,000.00	3,200.00	3,320.00
管理费用	320.00	360.00	520.00
财务费用	320.00	320.00	360.00
其他费用	600.00	800.00	960.00
税前净利	3,000.00	3,240.00	2,720.00
所得税（25%）	2,430.00	2,040.00	2,250.00

表 12-14 E公司2011—2013年度相关财务比率

单位：万元

项目	2011年度	2012年度	2013年度	平均值
流动比率	2.78	1.94	1.40	2.04
速动比率	1.44	0.75	0.45	0.88
存货周转率	7.55	4.53	2.75	0.45
应收账款周转率	10.83	10.13	7.85	9.60
应收账款平均收账期（天）	33.69	36.03	46.52	36.75
总资产周转率	3.29	2.57	1.73	2.53
资产负债率	32.04%	42.48%	55.95%	43.49%
营业净利率	5.77%	6.00%	5.00%	5.59%
总资产报酬率	20.99	17.46%	10.19%	16.21%
净资产收益	20.99%	19.10%	10.19	17.79%
利息保障倍数	10.38	11.13	8.56	10.02

2. 财务分析

（1）从表12-12、表12-13、表12-14中可以看出，E公司的流动比率、速动比率从2011年度至2013年度呈逐年下降的趋势，并由高于平均水平到低于平均水平，说明企业的资产流动性由2011年较好转为逐渐恶化，到2013年时，其短期偿债能力已经变得很差。

E公司的存货周转率、固定资产周转率和总资产周转率均呈下降趋势，并变得低于平均水平；应收账款周转率也逐年下降，到2013年度时，低于平均水平，说明企业资产的周转速度有待改善，资产还没有得到充分的利用。同时，也说明企业采取的信用政策较为宽松。

E公司的资产负债率有上升趋势，但仍低于平均水平，反映了企业具有较强的长期偿债能力，但也有可能是企业没有能够充分利用负债经营带来的财务杠杆作用。此外，E公司的利息保障倍数在2013年度出现了下滑，并低于平均水平，反映了企业偿还利息能力下降，意味着E公司偿还长期负债的能力也出现了问题。

E公司的营业净利率、总资产报酬率和净资产收益率在3年内均出现了下降趋势，净资产收益率在2013年度低于平均水平，反映E公司的盈利能力出现了问题。

（2）通过对上述财务指标进行分析，我们可以知道如下问题。

① 企业销售状况不利，营业收入增长缓慢是企业营运资金不足的直接原因。

② 同时，E公司由季节性生产方式转化为全年生产，使得资金需求量增大；资产扩充过快也是运营资金周转不灵的主要原因。

③ 近年来，E公司固定资产扩充过快，最近又动用了200万元购买设备，造成公司现金短缺，短期偿债能力降低。

④ 由于E公司和银行订立贷款合约中规定，E公司必须在每个会计年度后还清贷款，但2012年度以后，企业不能够顺利地将存货和应收账款转化为现金，所以无法清偿上一年度的贷款，这直接导致了下一年度贷款资金的无法实现，并形成恶性循环，导致E公司的运营资金出现不足。

（3）从表12-12中来看，尽管E公司的总资产近年来呈现逐年增加的趋势，但企业总资产报酬率却在逐年下降。造成这种状况的主要原因是：

① E公司的净利率与净利润在2012年后下降，而公司的固定资产却有过快的扩充；

② E公司应收账款的信用标准过宽，使得应收账款逐年增加，加重了E公司资金回收的压力；

③ E公司从未利用供应商提供的优惠措施，从而没有享受到更有利的采购价格优惠。

（4）总体来说，该商业银行可以为E公司提供额外的160万元信用额度。这是因为，假如E公司资金周转不灵，甚至有面临倒闭的风险，那么银行贷给E公司的贷款就可能无法收回，这样的话，造成的损失会更大。

虽然该商业银行可以同意增加给E公司160万元的信用额度，但会对E

公司规定一些限制条件：

① 要求E公司完善市场营销部门职能，增强E公司的营销预测能力和产品销售能力，以免因销售不利而造成产品滞销；

② 要求E公司按照全年各季销售量比例调整各季生产量，避免盲目全年生产带来的产品积压；

③ E公司应该严格应收账款信用政策，并加强对应收账款的管理；

④ E公司应该采用供应商提供的优惠措施。

（5）E公司在获得该商业银行的信用额度提升后，可以采取如下措施。

① 以固定资产作为担保来融资。

② 调整产量，制订一系列的产品销售计划书，保证公司逐年扩大利润。

③ 改善公司的各项财务比率，以达到同行业平均水平。例如，处理过多的存货；加强应收账款的管理；处置某些闲置的固定资产或以改进产品生产线来提高固定资产使用效率；认真研究供应商的优惠政策，在对公司经营有利的情况下，接受供应商的优惠政策。

附录

财务报表陷阱
小贴士

我们已经知道，财务报表可以反映企业的重要财务状况。但即使这样，我们在读财务报表的时候，不能将目光仅仅局限于财务报表本身，还应与其他方法紧密结合，比如必要的实地调查等。对于财务报表制作者来说，首先要确保财务数据来源的真实与可靠，这会直接影响财务报表的价值。很难想象，假如一张财务报表上的数字存在弄虚作假的成分，甚至这个成分很大，那么这样的财务报表所反映的各项财务指标（比如各项财务比率等）又能说明什么样的问题。

所以，为了确保报表使用者的使用，财务报表制作者一定要秉着实事求是的精神来制作报表。尽管如此，假设财务报表上的数据来源真实可靠，但财务报表所反映出的财务指标，还必须同企业所处的实际状况联系起来。不同的行业特点，企业经营方针的变化，使得我们在阅读财务报表时，必须将字面上的内容与实际状况结合起来，只有这样，我们所看到的一些指标才有确切的意义。

基于此，我们可以看到，财务报表固然是企业财务基本面分析的重要工具，但同时财务报表还存在众多陷阱，具体表现为不同财务报表所反映出的财务指标之间，存在冲突等现象。对于财务报表使用者来说，对这些陷阱一定要有所认识。接下来，我们对财务报表中的常见陷阱进行阐述。

1. 企业的现金流量情况

正常情况下，企业的经营性现金流应随净利润增加而同步增长。假如我们在财务报表中发现，企业的经营性现金流增长持续落后于净利润增长，就需要特别小心。一般来说，造成这种情况的原因很多，比如，企业为获得更多的业务而放松信贷条件，采取大量的赊销方法，或者是业务扩张过快、致使存货激增等。财务报表中反映出的这些情况，都可能会给企业经营带来风险。

2. 企业的非经常性损益情况

企业的非经常性损益，主要包括股权转让、股票投资收益、公司重组费用等一次性损益。这些损益可以突发性地增减盈利，一般不会影响公司的长期发展，所以在分析净利润数据时应剔除这部分收益。

另外，有些企业会把经营活动中发生的费用隐藏在非经常性损益中，试图掩盖经营过程中的问题。所以，对于投资者而言，应该把这些费用拆分出来，并分析这些费用是否经常发生；如果这些费用是经常发生的，那么势必对企业的长期发展造成一定影响。这都是需要我们注意的。

3. 总资产周转率与存货情况

总资产周转率对净资产收益率有重要影响，如果总资产周转率降低，可能意味着净资产收益率也会降低。另外，我们在看企业资产状况时，存货是一个重点考察对象，如果报表中资产增加，其中存货增加的比重较大，那么，存货激增可能是企业对销售过于乐观，也可能是产品滞销，使得存货增加。

4. 应收账款情况

如果企业的应收账款比营业收入增长快速，说明企业的信用条款比较宽松，越来越多的账款被作为赊销，借出去的现金不一定能全部和及时收回，这就隐含了损失部分现金和不能及时收回而影响正常运作的风险；假如企业的应收账款在资产中占比过高，那么企业就会面临资金链方面的较大风险。

5. 各种费用的计提、坏账准备和折旧

财务报表中反映出的各种费用的计提、坏账准备和折旧是调节企业净利润的重要手段。其中，坏账准备与应收账款有一定关联性，若应收账款大幅增加而坏账准备没有相应提高，说明企业对应收账款的回收过于乐观，会形成一定的风险。假如坏账准备突然大幅度增加，一般来说，要么是企业有意隐瞒利润，要么是应收账款回收出现大问题。

在这里，坏账准备是反映企业预期有多少账款会被赖账而设定的损失准备，在一定程度上可以反映企业的部分赊账回收情况。另外需要注意的是报表中的"其他应收款"，有些企业不管什么应收款，都往这一项里填充，包括许多无法入账的东西都放在这个科目里，比如说，被占用的上市公司资金经常挂在其他应收款下，形成难以收回的资产。

另外，调节费用计提和折旧摊销同样能轻易调节净利润，如增加折旧年限、把费用性支出作为资本支出进行摊销、刻意减少存货跌价准备、先大幅计提再释放利润等。如果这些数据出现异常，就要找出真正的原因。

6. 企业净利润增长陷阱

有些企业的财务报表中，反映企业净利润增长较快。刚看起来，这仿佛是好事，可是一旦深入净利润的组成结构，竟然发现企业净利润增长率连续数年超过主营业务收入增长率。这样的企业在发展上，一般是不稳定的。因为企业的主营业务应该成为企业盈利的主要来源，假如企业把经营重心放在了其他业务上，比如对外投资，并使得企业盈利过多地依赖于营业外收入，显然不利于企业的正常发展。我们有时听说一些企业把大量资金用于对外投资，结果投资失败，致使企业主营业务所需的资金链断裂，企业经营陷入困境，里面很大的原因便在于此。

所以，我们在看企业的财务报表时，如果发现企业的净利润增长率超过主营业务收入的增长率，便要引起关注，并探究其盈利增长的真正动力是什么。

7. 无形资产情况

所谓无形资产，是企业长期使用、而没有实物形态的资产，包括专利权、商标权、著作权、土地使用权、商誉等，其中商誉的弹性最大。在核算企业资产时，超出企业账面价值的那部分资产就是商誉。实际操作中，商誉的可调节范围很大，而且难以评估，因此企业操纵商誉的自由度也就较大。

8. 股权投资和债券投资情况

股权投资和债券投资反映在资产负债表上的价值可能与其实际价值有较

大差异。如果投资占总资产比例很高时，我们就要注意弄清楚这些投资的实际价值。这在采取母子公司结构的企业里尤其要注意。

通常来说，对于上市公司与母公司控制的其他子公司之间，可能存在错综复杂的关联关系与交易。其中，关联企业之间进行非实质性交易，构造循环陷阱，实现操纵收入和提升利润，甚至存在利益输送、大股东掏空上市公司的可能。另外，上市公司与其大股东之间还可以通过往来资金（如"其他应收款"）来改善原本难堪的经营性现金流。

对于关联企业来说，其往来资金一般带有融资性质，但借款方并不作为短期借款或者长期借款，而是放在其他应付款中核算。作为贷款方不作为债权，而是在"其他应收款"中核算，这样的话，经营性现金流量净额就可能会被夸大。

9. 收入确认时间

处于不同行业的企业有着不同的收入确认原则和时间，所以，一些企业通过收入确认的时间差，并将这个时间差进行灵活运用，便使得企业利润在不同的会计年度"转移"；于是，一些财务数据的伪装需要较长时间才能慢慢显现出来。对此，投资者如果不能对数年的财务报表进行综合分析，就很难发现其中的猫腻。

10. 警惕企业的担保问题

有些企业会为其他企业的贷款提供担保，若担保的金额较大，而且被担保公司出现赖账或欠缺偿还能力，便可能会给担保企业带来致命性的结果。对此，投资者一定要了解企业的担保状况。

在实际工作中，财务报表陷阱可谓纷繁芜杂，上述提到的一些陷阱不过是冰山一角。所以，我们在使用财务报表时，不仅要积极整合报表内的各种有效数据，还要关注报表以外的状况，比如企业经营状况、行业特点等，只有这样，才能避免被财务报表陷阱干扰，并从财务报表中得出客观、正确的认识。

后记

POSTSCRIPT

在完成本书的创作后，我终于深深地舒了口气。

我们生活在一个经济十分活跃的时代。很多时候，我们站在北京的天桥上，看着桥下湍急的车流，以及不远处行色匆匆的人流，我深深地知道，这一切都是在经济的力量下运行着。譬如说，行驶中的汽车，消耗的汽油，车辆的日常维护，购车时的花费，还有各项应缴的税费，等等，都组成了经济运行大系统中的一部分。

我们的市场经济已经高度活跃，然而，令人遗憾的是，人们应有的市场经济意识与能力，尤其是对经济运行感知的理性与精准度，亟须提高。我记得每一次躁动的经济现象，比如说令人哭笑不得的抢购食盐等盲目跟风性行为，无不揭示出不少人缺乏经济的常识，特别是经济分析的常识。

本书的内容，也就是财务报表分析，便是为了帮助人们提升经济分析能力而写。是的，各种财务报表背后所反映的，是一种经济运行的显现。我们只要生活在这个世界上，便没有选择地融入了这个经济世界。从这个角度上说，财务报表是各种经济现象的浓缩。

能够看懂财务报表，真的非常重要。一个企业经营管理者不能看懂财务报表，又怎能从宏观与微观上对企业过去、现状与未来有个正确的认识？又怎样做出切实有效的决策？

对于企业的财务人员来说，不懂得根据财务报表上的数据核算出相应的财务比率，又怎能在财务统计与分析的大道上走得更高更远？

　　对于投资者来说，不能参透财务报表内的玄机，又怎能确保自己的投资收益大于风险？可以说，看不懂财务报表的投资者，其投资行为存在很大的侥幸心理。然而，市场经济更多讲究的是规则，而不是碰巧的侥幸。正因为此，才有很多投资者慨叹"投资机会少"。真的如此吗？未必，因为有很多人正在从投资市场大把大把地赚钱。对于那些投资失败的人，我认为更多的是应该增强自己的经济分析能力。

　　对于企业所有者或股东而言，聘请职业经理人来经营企业。那么，企业股东又怎样能够知道管理层的经营效益，并确保所有者权益是增长而不是减少？

　　对于供应商而言，又怎样能够知道货款的收回风险？假如供应商通过了解合作企业的财务报表，获悉了其财务能力，那么在货款处理上，显然会减少不必要的风险。

　　其实，很多人都需要能够看懂财务报表。对于很多成年人来说，面临的经济现象更为复杂，对财务报表的使用更频繁、意义更为深远。所以，具备一定，甚至较强的财务报表分析能力，是每个人必修的基本功。

　　最后，真的希望读者朋友能从本书中受益，谢谢！

著者：文杨